Knaur

Über die Autoren:

Jürgen Sprenzinger,
geboren 1949, wurde schon mit vier Jahren von seiner Mutter zum Kinderarzt geschleppt, weil sie dachte, der Bub spinnt. Der Doktor diagnostizierte »eine unwahrscheinliche Phantasie« und operierte ihm die Mandeln und die Nasenpolypen raus. Was das miteinander zu tun hatte, ist ihm bis heute nicht klar. Die Schule mußte er wegen einer unheilbaren Lehrerallergie vorzeitig verlassen. Statt dessen wurde er Gitarrist und Sänger in einer Band und gehorchte seiner Mutter, als sie sagte, er solle Radio-Fernsehtechniker werden. Mit dem Vorsatz, reich zu werden, gründete er sein eigenes Geschäft, machte aber schnell pleite, weil er Umsatz mit Gewinn verwechselte. Es schloß sich eine Karriere als Außendienstler einer Schraubenfirma an, weil er schon als Kind lieber geschraubt hat als genagelt. Und so schraubte er sich nach relativ kurzer Zeit in eine höhere Position. Nach mehreren Zwischenspielen auf der Bühne eines Augsburger Theatervereins entdeckte ihn der Film. In dem Kultstreifen *Xaver und sein außerirdischer Freund* gab er sein Debüt als begnadeter Schauspieler in einer Zwei-Minuten-Rolle. Nur knapp entging er einer Oskar-Nominierung für die beste Nebenrolle, vor der ihn nur rettete, daß die Leute in Hollywood den sinnigen Inhalt des Films wohl nie begriffen haben. Ersatzweise liefert er sich eine erbitterte Brieffehde mit seinem Nachbarn.

Wolfgang Schlingen:
Was den Wein anlangt, war der 1932er Jahrgang eher mittelmäßig. Manche sagen sogar: minderwertig. Was man von Liz Taylor nicht gerade behaupten kann. Sie blickt auf das gleiche Baujahr wie der beanstandete Tropfen zurück. Seinerzeit hat man von der späteren Diva noch nicht viel Aufhebens gemacht. Genausowenig wie vom gleichzeitig in einem schwäbischen Dorf geborenen Wolfgang Schlingen. Wirbel verursachte er erst mit seiner ersten Korrespondenz. Die unbeholfenen Liebesbriefe des frühreifen Abc-Schützen gelangten in die Hände des Lehrers, der den plumpen Annäherungsversuchen mit schlagenden Argumenten begegnete. Das Schreiben hat er ihm aber nicht austreiben können. Statt einen ordentlichen Beruf zu ergreifen, wurde Wolfgang Schlingen Journalist. Als Lokalredakteur, Gerichtsreporter und schließlich Chefredakteur einer großen deutschen Tageszeitung hat er ein Berufsleben lang beobachten können, wie Nachbarn in der Provinz und in der Politik miteinander umzugehen pflegen. Und als Bewohner eines Reihenhauses weiß er, wie man Nachbarschaft erlebt, und er lebt sie auch so: mit Alten, Singles und Familien samt Kindern, Katzen, Kaninchen und Kakteen, Hunden und Hamstern – in der besten Absicht, den Frieden zu wahren. Bis zu dem Tag, an dem ihm Nachbar Jürgen Sprenzinger einen Brief geschrieben hat …

Jürgen Sprenzinger/Wolfgang Schlingen

Mein lieber Herr Nachbar!

Knaur

Von Jürgen Sprenzinger sind außerdem erschienen:

Sehr geehrter Herr Maggi
Lieber Meister Proper
Liebeserklärung an alltägliche Dinge

Besuchen Sie uns im Internet:
www.droemer-knaur.de

Originalausgabe April 2000

Umschlaggestaltung: Agentur Zero, München
Satz: QuarkXPress im Verlag
Druck und Bindung: Clausen und Bosse, Leck
Printed in Germany
ISBN 3-426-73071-5

5 4 3 2 1

Nur eine von Dreien darf raus

Nachbarschaftsstreit um Katzenklo beigelegt: Urteil akzeptiert

Weißenhorn/Memmingen (AZ). Der kuriose Streit über den Mißbrauch von Nachbars Garten als Katzenklo ist am Mittwoch vor dem Landgericht Memmingen beigelegt worden.

In der Berufungsverhandlung zogen nach Mitteilung eines Gerichtssprechers während der mündlichen Verhandlung sowohl der Nachbar wie die Katzenhalterin ihre Beschwerden gegen die vorausgegangene Entscheidung des Amtsgerichts Neu-Ulm aus dem vergangenen Jahr zurück. Damit sei das erstinstanzliche Urteil rechtskräftig.

Nach dem Urteil muß die Halterin von drei Katzen in Weißenhorn (Landkreis Neu-Ulm) dafür sorgen, daß nicht mehr als ein Tier zur selben Zeit draußen herumläuft. Andernfalls droht ein Zwangsgeld in Höhe von 50000 Mark. Der Nachbar hatte geklagt, nachdem die Katzen seinen Gemüsegarten immer wieder als Katzenklo mißbraucht hatten. Er hatte sogar einen Detektiv beauftragt, um das nächtliche Treiben der Katzen auf seinem Grundstück gerichtsverwertbar dokumentieren zu lassen.

Augsburger Allgemeine, 11.3.1999

Vorwort

Das könnte Ihnen auch passieren ...
Sie ziehen um, freuen sich auf das neue Heim, die neuen Nachbarn sind auf den ersten Blick ja ganz nett ...
Die ursprüngliche Befangenheit gibt sich schnell – man findet sich sympathisch, freundet sich an, freut sich, so wunderbare Nachbarn gefunden zu haben – die Welt ist in Ordnung –, und ahnt nicht, daß man eigentlich neben einer Zeitbombe wohnt.
Erste Mißstimmigkeiten kommen auf – wegen klitzekleiner Kleinigkeiten –, und es dauert nicht lange, da entwickelt sich der einst so nette Nachbar zum Kotzbrocken, die Freundlichkeit schlägt plötzlich in Neid um, ein Wort gibt das andere, man streitet über Dinge, die – bei genauerer Betrachtung – überhaupt keinen Streit wert sind, schließlich verkehrt man nur noch schriftlich miteinander, beschimpft sich gegenseitig, schießt mit Kanonenkugeln auf Spatzen – jede Mücke wird sofort zum Elefanten hochstilisiert – kurz: das Zusammenleben eskaliert zum Vietnamkrieg, ab sofort regiert nur noch der blanke Haß, die vielgerühmte »menschliche Vernunft« einschließlich der Toleranz geht den Bach hinunter und man glaubt sich wieder zurückversetzt in den Kindergarten ...
Jeder der Kontrahenten schiebt die Schuld auf den anderen und keiner weiß eigentlich so richtig, wie alles kam. Plötzlich steht man da und würde sich am liebsten mit dem Gartenschlauch oder dem Spaten duellieren – Gott sei Dank ist der Zaun dazwischen!
Und keiner hat's gewollt ...
Die Möglichkeiten, über Kinkerlitzchen zu streiten, sich gegenseitig das Leben schwer zu machen, sind so vielfältig und facettenreich wie das Leben selbst. Nachbarn sind darin absolute Spezialisten!

Ein Freund erzählte mir einmal: »Weißt du, heute hat mich mein Nachbar angeschaut, als wollte er sagen: Sie könnten Ihren Rasen auch mal wieder mähen!«

»Was hast du dann gemacht?« fragte ich.

»Ich habe zurückgeschaut, als würde ich heute meinen Rasen mähen …«

Das könnte Ihnen auch passieren …

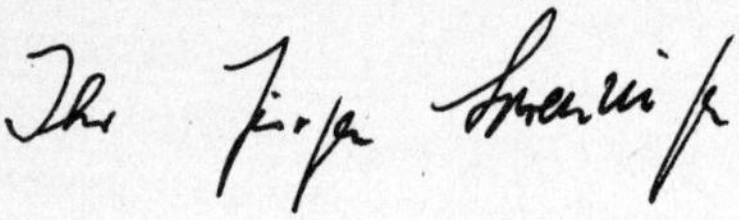

Wolfgang Schlingen
Friedenstraße 9
86179 Augsburg

Herrn
Jürgen Sprenzinger
Friedenstraße 7a

86179 Augsburg

26. Januar 1999

Sehr geehrte Familie Sprenzinger,
mein lieber Herr Nachbar,

wenn ich das einfach so sagen darf. Wir haben nämlich erfahren, daß Sie schon bald herziehen und wir dann sozusagen Tür an Tür wohnen. Ich hab schon zu meiner Frau gesagt, wie ich Sie bei der Hausbesichtigung gesehen habe: „Das müssen nette Leute sein, so wie der und seine Frau ausschauen. Die passen zu uns." Sie haben bis jetzt noch nicht unsere Bekanntschaft machen können, aber Sie werden uns schon noch kennenlernen. Auf alle Fälle haben wir gesagt: Jetzt schreiben wir den Sprenzingers halt einmal und sagen ihnen, mit wem sie es zu tun haben, wenn sie herziehen.

Ich selber habe einen verantwortungsvollen Posten bei einem Entsorgungsunternehmen im öffentlichen Dienst mit Wechselschicht in unkündbarer Stellung. Ich müßt schon grad das Kantinenbesteck stehlen oder meinem Chef die Alte ausspannen, daß sie mich hinauswerfen könnten. Sie werden bestimmt denken, was ist das für einer! Aber nur, weil Sie noch nicht wissen können, was ich für einer bin. Lassen Sie sich bloß nichts von den Leuten gegenüber einreden. Das sind Quertreiber und Intriganten. Vor denen kann ich Sie nur warnen.

Wissen Sie, Herr Sprenzinger, wenn man uns in Frieden läßt, sind wir immer umgängliche und verträgliche Nachbarn gewesen. Was meine Frau und ich nicht ausstehen können, sind Nörgler und Meckerer. Sauberkeit ist bei uns oberstes Gebot. Glauben Sie mir, bei uns in der Wohnung könnten Sie vom Boden essen. Da sorgt schon meine Frau dafür. Auch vor dem Haus und im Garten muß alles seine Ordnung haben, aber es darf nicht ausarten. Man muß auch zwischendurch alle Viere grade sein lassen dürfen, meinen Sie nicht auch?

Wenn meine Frau nicht so sparsam wäre, hätten wir uns dieses bescheidene Reihenhäuschen gar nicht leisten können, ein Eckgrundstück noch dazu. Ich hab' mir halt auch gesagt, wenn du schon eine nimmst, dann such dir eine, die auch von daheim ein bißchen was mitbringt, wenn Sie wissen, was ich meine. Man könnte sich sonst ja gar nichts leisten, oder?

Unsere Kinder freuen sich auch schon auf Sie, weil die von gegenüber ihren Fratzen den Umgang mit den unseren verboten haben. Unser „Bene“, der eigentlich Benedikt heißt, ist 13 und gut drauf, wie man so sagt. Den Cyprian rufen wir „Zorro“, weil er so wild ist oder ungestüm, wie seine Lehrerin behauptet. Er geht in die 4. Klasse, obwohl er erst 11 ist. Die Simone ist eine ganz eine liebe und mit 7 unser Nesthäkchen. Es stimmt schon, daß sie nicht die gescheiteste ist, aber meine Frau sagt, daß sie ein Talent hat zum Tanzen und vielleicht einmal in diese Richtung geht.

Meine Frau und ich sowie alle Kinder sind sehr tierlieb. Da paßt es gut, daß Sie einen drolligen Mischling mitbringen, wie wir gesehen haben. Früher haben wir selber auch einen gehabt. Das war aber ein richtiger Streuner und ein lästiger Kläffer, was uns viel Ärger gebracht hat. Drum haben wir den Köter im letzten Urlaub, was uns allen sehr schwer gefallen ist, in Italien zurückgelassen. Wir haben aber gewußt, daß viele deutsche Touristen gerne herrenlose Tiere in Italien aufnehmen und unser „Apollo" jetzt bestimmt ein gutes Zuhause hat irgendwo.

Weil die Kinder unbedingt wieder ein Viecherl haben wollten, haben wir jetzt eine Perserkatze. Sie heißt „Pascha" und ist ein Teufelskerl von einem Kater. Wir hoffen alle, daß sich unser Liebling und Ihr Vierbeiner gut vertragen.

Wie gesagt, wir freuen uns sehr, bis Sie einziehen. Selbstverständlich bin ich Ihnen beim Umzug gerne behilflich, wenn ich nicht gerade Nachtschicht habe und den Tag über meinen Schlaf nachholen muß. Meine Frau sagt zwar immer, daß ich zwei linke Hände habe, aber das ist so ein Weibergeschwätz.

Ich hoffe, Sie nehmen mir diesen Brief nicht übel. Wir haben ihn in der besten Absicht und in der Hoffnung auf eine lange ungetrübte Nachbarschaft geschrieben.

Ihr sich freuender

Jürgen Sprenzinger
Friedenstraße 7a
86179 Augsburg

Herrn
Wolfgang Schlingen
Friedenstraße 9

86179 Augsburg

3. Februar 1999

Sehr geehrter Herr Schlingen,

vielen Dank für Ihren Brief vom 26. Januar 1999. Ich hab zu meiner Frau gesagt, schau, hab ich gesagt, das ist ja irr. Kaum daß wir eingezogen sind, ist schon ein Brief da.

Sie haben da schon recht: Wir sind eigentlich sehr nett, das haben bis jetzt alle Leute gesagt, die uns gekannt haben, allerdings gibt es ein paar Leute, die finden uns nicht so nett, weil ich ihnen eins auf die Hörner gehauen hab, weil sie mich geärgert haben. Aber normalerweise bin ich recht nett.

Ich hab übrigens auch einen verantwortungsvollen Posten. Bei der hiesigen MAN, da wo ich schau, daß das Ersatzteillager für die Druckmaschinen immer sauber aufgeräumt ist. Denn ein Ersatzteillager muß immer aufgeräumt sein. Bei uns in der Firma, da gibt es so schlampige Hunde, die immer alles herumliegen lassen und nie etwas aufräumen. Da krieg ich jedesmal einen Anfall, wenn die Menschen so unordentlich sind.

Übrigens hab ich das schon gehört, daß hier in der Nachbarschaft einige Intreganten und Quertreiber wohnen. Der Sepp, ein Kollege von mir, eigentlich ein Depp, aber sonst ganz nett, wohnt ganz in der Nähe und kennt die Gegend hier schon länger, und der hat mich gewarnt. Aber mir ist das wurscht, weil ich schlage zurück. Gefallen laß ich mir überhaupt nichts, da bin ich absolut resolut. Außerdem hab ich vor ungefähr elf Jahren einen Selbstverteidigungskursus mitgemacht. Kung Fu, Kranichstil, wenn Ihnen das was sagt. Effizient, knallhart und absolut tödlich. Eigentlich bin ich eine wandelnde Waffe. Aber Gott sei Dank sieht man mir das nicht an, weil ich so dürr bin.

Sie haben geschrieben, bei Ihnen ist es so sauber, daß man gleich vom Boden essen könnt. Bei uns ist es nicht so sauber und man braucht auch nicht vom Boden zu essen, weil wir für diesen Zweck einen Tisch besitzen. Meine Frau sagt nämlich immer, daß sie keine Putzfrau ist. Ich versuch zwar schon seit Jahren, ihr beizubringen, daß sie eben schon auch Putzfrau ist, aber sie will das ums Verrecken nicht einsehen.

Daß Sie Kinder haben, stört uns überhaupt nicht. Wir haben keine Kinder, weil meine Frau unfruchtbar ist – eine taube Nuß sozusagen, aber wir haben uns gesagt: Wenn der liebe Gott nicht will, dann geht gar nix. Und dann haben wir uns dafür einen Hund angeschafft. Der plärrt wenigstens nicht den ganzen Tag und mault auch nicht nach. Einerseits bin ich froh, daß ich keine Kinder hab, weil man nie wissen kann, was aus ihnen wird, auch wenn man sich noch so viel in der Erziehung angaschiert. Da erzieht man so einen Fratzen und schaut, daß ein ordentlicher Mensch aus ihm wird, ein brauchbares Glied der Gesellschaft sozusagen – und dann wird es ein Verbrecher und man muß sich bloß schämen für diesen Mörder, Dieb und Taugenichts. Kinder sind immer ein Risiko, da muß man es sich schon lang überlegen – am besten schon vor der Ehe, ob man so einen Verbrecher in die Welt setzt. Glücklicherweise brauche ich mir da keine Vorwürfe machen, denn wie gesagt, meine Frau ist eine taube Nuß. Wenn ich ehrlich bin, bin ich heut recht froh darüber, und ansonsten ist sie ja ganz nett. Lieber eine taube Nuß, hab ich mir gesagt, als gar keine Frau. Und meine Frau sagt immer, daß alle Männer gleich sind. Da hat sie recht. Ich möchte keinen.

Sie schreiben, Sie haben Ihren Hund in Italien zurückgelassen. Wo haben Sie ihn denn zurückgelassen? In der Toscana? Oder am Gardasee? Der Gardasee ist für so einen Zweck ganz prima, weil es da auch viel Wochenendurlauber gibt. Da muß der Hund nicht so lange warten, bis ihn wieder jemand mit nach Deutschland nimmt. Ich hab von einem Fall gehört, da ist ein Hund – ich glaub, es war ein hellgrauer Pudel – sage und schreibe viermal auf diese Weise hin und her gereist. Soviel Urlaub können wir uns beide zusammen nicht leisten. Manche Hunde wissen überhaupt nicht, wie gut sie es haben.

Ich nehme Ihnen Ihren Brief überhaupt nicht übel, bloß zu Ihrer Information. Ich bin zwar ein schlechter Briefschreiber, aber meine Frau hat gesagt, lieber einen Briefverkehr als gar keinen Verkehr.

Mit freundlichen Grüßen

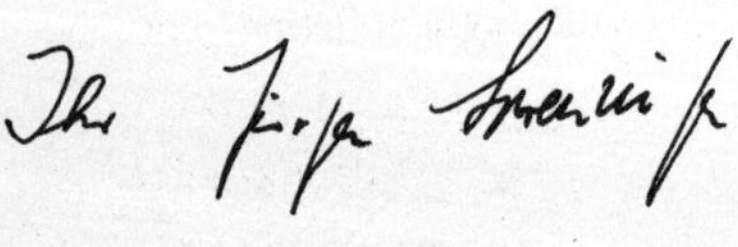

Wolfgang Schlingen
Friedenstraße 9
86179 Augsburg

Herrn
Jürgen Sprenzinger
Friedenstraße 7a

86179 Augsburg

6. Februar 1999

Sehr geehrter Herr Sprenzinger,

wie haben wir uns über Ihren lustigen Brief sakrisch gefreut! Wir glauben, daß Sie, wie man bei uns so landläufig sagt, ein bißchen ein Hinterkünftiger sind. Halt einer, wo einen versteckten Humor hat oder so ähnlich. Da sind Sie bei uns grad richtig, weil wir für eine Gaudi immer zu haben sind.

In der nächsten Woche fahren wir traditionell zum Faschingsende ein paar Tage ins österreichische Tirol auf eine günstig gelegene Almhütte mit Strom- und Wasseranschluß, also schon was nicht so ganz Primitives. Da sind um die gleiche Zeit auch immer ein paar gutsituierte Herrschaften aus dem Ruhrgebiet anwesend, die wir schon vor acht Jahren in Rimini kennengelernt haben. Nette Leute mit einem Riesenhumor auch. Ich sag Ihnen, da ist was los. Karneval, wie die sagen, ist für die das Höchste. In punkto Humor sind die uns und sogar den Tirolern hochhaushoch überlegen! Und das, obwohl man ja gerade von den Tirolern sagt, daß sie so lustig sind.

Am Rosenmontag ist zum Frühstück schon Maskenzwang. Ich selber komme immer im Schlafanzug und setz mir eine rote Nase mit einem Schnurrbart darunter auf. Sie glauben nicht, wie so eine einfache Maskierung einen Menschen verändern kann. Beim ersten Treffen damals hat mich außer meiner Frau fast keine Sau erkannt. Jetzt wissen Sie schon, wer ich bin, weil ich mich fast durchwegs für diese Verkleidung entscheide. Erst gegen Abend verwandle ich mich in einen Sheriff aus dem Wilden Westen. Das Glanzstück ist ein Original-Patronengürtel, den mir mein Schuster nach einer Vorlage aus einer Illustrierten nachgebaut hat. Sie werden ja einmal das Foto sehen, wenn wir Ihnen unseren Videofilm zeigen, den der Heiko gedreht hat.

Der Heiko, müssen Sie wissen, ist der lustige Wuppertaler von Rimini. Im Privatberuf ist der ein höheres Tier bei der Schwebebahn in seiner Heimatstadt. Wenn der erzählt, wie seinerzeit ein lebendiger Elefant aus einer Kabine in die dortige Wupper gesprungen ist, kommen Ihnen die Tränen. Die Geschichte bringt der Heiko in jedem Dialekt, den man sich vorstellen kann. Das ist ein Talent, der könnte ohne weiteres vor jedem größeren Publikum auftreten. Bloß bairisch bringt er es noch nicht zusammen. Aber es wird jedes Jahr besser, weil der Hüttenaufenthalt mit uns doch nicht ganz umsonst ist. Da kriegt der Heiko schon ziemlich was mit. Und das Tirolerische liegt ihm sowieso nicht schlecht.

Ja, lieber Herr Sprenzinger, vielleicht können Sie mit Ihrer Frau im nächsten Jahr sogar einmal mitfahren auf die Hütte. Wie gesagt, Strom und fließend Wasser sind vorhanden und die Leut lassen sich beigen, wie man bei uns sagt. „Schichten" sagt der Heiko statt dem und lacht dazu, daß die Hütte wackelt. Meine Frau und ich freuen uns heute schon auf die Bombenstimmung.

Nach dem Fasching dürfen wir Sie einmal zu einem Bierchen oder auch mehreren einladen.

Zum Abschluß hätten wir noch eine herzliche Bitte: Vielleicht dürfen wir Ihnen in den nächsten Tagen unseren Hausschlüssel vorbeibringen und Sie fragen, ob Sie die paar Tage bis zum Aschermittwoch unseren „Pascha“ versorgen und die Post aus dem Briefkasten holen könnten. Und am Donnerstag so freundlich wären, die Mülltonne vors Haus zu stellen. Ich werde den Kollegen sagen, daß unser neuer Nachbar den Abfallbehälter freundlicherweise selber in den Garten zurückbringt.

Für heute verbleibe ich mit nachbarschaftlichen Grüßen

Ihr
Wolfgang [illegible]

Jürgen Sprenzinger
Friedenstraße 7a
86179 Augsburg

Herrn
Wolfgang Schlingen
Friedenstraße 9

86179 Augsburg

11. Februar 1999

Sehr geehrter Herr Schlingen,

herzlichen Dank für Ihren Brief. Wenn ich ehrlich bin, dann haben Sie da schon ein bißchen recht, allerdings bin ich kein Hinterkünftiger, sondern eher ein Vordergründiger, weil mein Humor nämlich gar nicht so versteckt ist, wie man vielleicht annehmen könnt.

Ich finde es schön, daß Sie zum Fasching auf eine Hütte fahren. Das wollte ich auch schon mal immer, aber es hat sich nie ergeben. Ich wüßt auch gar nicht, auf welche Hütte ich da fahren sollte. Ich selber bin eigentlich kein Faschingsfan, weil meine Frau sagt, wir sind das ganze Jahr über blöd und da braucht's bei uns keinen Fasching nicht.

Was Sie da über diese Leute aus dem Ruhrgebiet sagen, nämlich daß die einen Humor haben, weiß ich. Wir haben nämlich auch Verwandte, und zwar etwas weiter droben, in der Nähe von Berlin. Aber ich glaub, die haben einen etwas anderen Humor als wir hier in

Bayern. Das hab ich an meiner Tante Franziska ausprobiert. Der hab ich einen Witz erzählt, und die hat dann gelacht und gelacht und gelacht, sie konnte überhaupts nicht mehr aufhören. Das Schlimme daran war nur: Sie hat an der falschen Stelle gelacht. Und deswegen weiß ich, daß die Preißn einen etwas anderen Humor haben. Die lachen schon über Sachen, da wo ein Bayer nicht mal leicht das Maul verzieht. Ich glaub, die Preißn sind wesentlich leichter erregbar wie wir Bayern.

Ich erzähl Ihnen den Witz schnell mal: Da kommt ein Preiß zum ersten Mal nach Bayern und macht eine Bergwanderung. (An dieser Stelle hat Tante Franziska schon das erste Mal gelacht, obwohl der Witz noch gar nicht richtig angefangen hat.) Aber weiter: Der Preiß wundert sich, woher die vielen Steine auf dem Bergweg kommen. Da trifft er einen Waldarbeiter, ein mords Mannsbild. Er fragt ihn: „Sagen Sie mal, guter Mann, woher kommen denn die vielen Steine da auf dem Bergweg?"
Der Mann antwortet: „Ja mei, von de Berg herunter halt." (An dieser Stelle hat Tante Franziska so lachen müssen, daß es sie fast überschlagen hätte.)
„Ja", fragt der Preiß, „und wie kommen die Steine da herunter?"
Der Waldarbeiter antwortet: „Ja mei, mit der Lawine halt!" (Tante Franziska hat nun so gelacht, daß sie kaum mehr hat schnaufen können.)
Jedenfalls hat der Preiß weiter gefragt: „Und wo ist die Lawine jetzt?"
Und der Waldarbeiter hat geantwortet: „Ja mei, de is wieder nauf und holt neie Stoa!"
Da hat die Tante Franziska sofort zu lachen aufgehört und mich ganz entgeistert angeschaut. Und sie hat mich belehrt, daß das gar nicht sein kann, weil Lawinen nicht wieder den Berg hinauf können.

Das würde angeblich gegen die Schwerkraftgesetze verstoßen. Die Preißn haben ein Allgemeinwissen, das ist schier unglaublich!

Also das find ich ja ulkig, wenn Sie im Schlafanzug und roter Pappnase rumlaufen! Ich könnt das nicht, weil ich nämlich gar keinen Schlafanzug nicht hab. Ich schlaf immer nackert. Ich könnt das natürlich schon auch mal ausprobieren: Ich geh nackert nur mit einer roten Pappnase. Ich bin sicher, mich tät auch niemand erkennen, weil mich die meisten Leute nur angezogen kennen. Die kämen gar nie auf die Idee, daß ich das bin, weil mich nackert noch nie jemand gesehen hat. Meine Frau natürlich schon, ja – und ich mich selber natürlich auch. Aber ich schau mich nackert nie an, man hat ja schließlich ein Schamgefühl, und ich will nicht meinen eigenen Intimbereich verletzen.

Sie schreiben, dieser Heiko hätte Ihnen erzählt, daß ein Elefant aus der Kabine der Schwebebahn in die Wupper gesprungen ist. Das ist ja tragisch! Mich hat das tief bewegt. Denn sofort hat es bei mir gerattert und ich habe mir überlegt, warum der Elefant aus der Kabine gesprungen ist. Wollte er sich selbst umbringen? Und wenn ja, warum? War er vielleicht depressiv? Und wie kommt ein Elefant überhaupts in so eine Kabine? Wie hoch war der Fahrpreis bei so einem Elefanten? Ich kann über so was nicht lachen, das ist ja ein Drama. Stellen Sie sich vor, das würde in New York passieren! Ein Elefant springt aus dem 84. Stock vom Empire State Building auf die Fifth Avenue hinunter, weil er Selbstmordabsichten hat. Und drunten fährt genau in dem Moment, kurz bevor der Elefant den Aufschlagpunkt erreicht – also ich meine, an der Stelle, wo der Elefant aufschlägt –, da fährt ein Auto! Mit vier Leuten drin. Der Fahrer, der Beifahrer und noch zwei Leute auf dem Rücksitz. Die wären ja platt wie die Flundern! Und wenn man sich jetzt weiter vorstellt, daß da gar kein Auto nicht fährt, sondern ein ganzer Bus, randvoll mit Fahrgästen – das ist ein Horrorszenario, ja ein Horrorszenario wär das! Wobei dann immer noch die Frage offen bleibt, was mit dem Elefanten passiert: Lebt er noch oder zerreißt es ihn in tausend Fetzen, die dann meterweit weggeschleudert werden? Der Rüssel hängt im zehnten Stock vom Empire State Building, der linke Stoßzahn im fünften Stock und so weiter. Ich will da gar nicht mehr dran denken, sonst übermannt mich das Grauen.

Aber weil Sie schreiben, daß ich nächstes Jahr mit auf die Hütte fahren könnt: Das würde ich wahnsinnig gern, und wenn es eine Gaudi gibt, dann bin ich da schon dabei. Ich könnt dann auch wahrscheinlich tolle Bilder machen, denn ich bin ein begeisterter Fotograf und außerdem spiel ich auch Gitarre. Ich zupfe einen recht flotten Darm, wie man so sagt. Und singen tu ich auch. Sogar in einem Männerchor. Damit könnt ich schon einen Beitrag dazu leisten, daß es eine rechte Gaudi wird. Ab und zu klaviere ich übrigens auch auf meinem Klavier. Da müßten wir allerdings noch darüber reden, wie wir das Klavier auf die Hütte bringen können, weil es schon saumäßig schwer ist.

Bringen Sie Ihren Hausschlüssel ruhig her, Ihren Pascha versorgen wir gern und auch die Post nehmen wir aus dem Briefkasten. Die Tonnen stellen wir auch heraus, das ist doch klar. Das ist kein Problem, sondern im Gegenteil: Ihr Vertrauen erfüllt uns mit großer innerer Freude, denn gerade eine Mülltonne ist heute etwas Wertvolles, weil man sonst ja gar nicht mehr wüßte, wohin mit dem Müll.

Mit nachbarschaftlichem Gruß

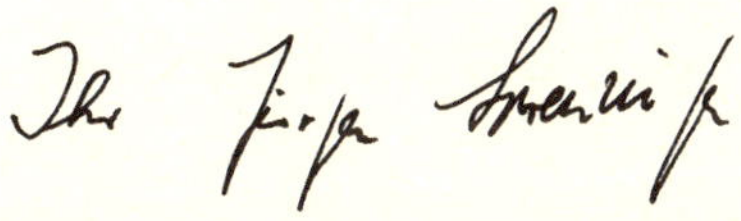

Wolfgang Schlingen
Friedenstraße 9
86179 Augsburg

Herrn
Jürgen Sprenzinger
Friedenstraße 7a

86179 Augsburg

12. Februar 1999

Sehr geehrter Herr Sprenzinger,

mit diesen Zeilen habe ich Ihnen unseren Hausschlüssel in den Briefkasten geworfen. Leider habe ich ihn nicht mehr persönlich vorbeibringen können, weil Sie gestern abend schon Licht im Schlafzimmer gehabt haben. Da hat meine Frau gesagt, laß die Sprenzingers doch in Ruhe, wenn du siehst, daß sie was besseres zu tun haben. Es war aber erst kurz nach 8 Uhr, und ich hab gesagt, daß Sie sonst um diese Tageszeit immer noch woanders arbeiten. Wenn ich nämlich auf einen Fußschemel steige, kann ich von unserem Dachfenster aus direkt in Ihr Büro hineinschauen, wo Ihr Schreibtisch steht, weil Sie ja keine Vorhänge haben. Meine Frau wundert sich da oft und hat schon zu mir gesagt, wie er das bloß will, der Herr Sprenzinger.

Es ist mir jetzt fast peinlich, daß wir uns vor unserer Abreise nicht mehr getroffen haben. Wir bleiben jetzt nämlich doch über den Aschermittwoch hinaus noch die ganze nächste Woche auf der Hütte, so daß wir Sie bitten möchten, die paar Tage länger unseren „Pascha" zu versorgen und auch einige andere wichtige Dinge zu erledigen. Sie werden sehen, daß unser „Pascha" ein sehr dankbares Tier ist, das Ihnen bestimmt viel Freude macht. Die Sheba-Dosen, die er frißt, stehen im Kühlschrank. Leider hat meine Frau in der Eile vergessen, einen Vorrat herzulegen. Aber Sie können ja nachkaufen. Das Katzenfutter für unseren Kater gibt es aber nur beim Aldi im Industriegebiet, was anderes frißt er leider nicht. Wir haben ihm beim Metzger schon eine Kalbsleber besorgt und zum Versuchen 100 Gramm von der abgehängten Rindsschulter. Aber denkste. Das verwöhnte Vieh verweigert jedes Frischfleisch.

Wie gesagt, beim Aldi gibt es Sheba. Wenn Sie einen Zwölferpack nehmen, reichen Sie lustig bis zu unserer Rückkehr. Wir werden dann schon mit Ihnen abrechnen und uns erkenntlich zeigen. „Pascha" will allerdings, daß man seine Mahlzeiten pünktlich einhält. Als Hundehalter wisen Sie ja selber, wie empfindlich die Tiere da sind. Zwischen sieben und halb acht Uhr in der Frühe will er seine warme Milch. Da frühstücken halt die Kinder sonst immer mit ihm zusammen. Vielleicht kann sich Ihre Frau ein paar Minuten zu ihm hinsetzen. Nicht daß er die Nahrungsaufnahme verweigert und vom Fleisch fällt. Das möchten Sie bestimmt auch nicht.

Gegen Nachmittag, spätestens um 16 Uhr, will er sein Sheba. Eine ganze Dose. Das Futterschüsselchen steht unter der Spüle neben dem Abfallkübel. Es muß nach jeder Fütterung ausgewaschen werden, hat uns der Tierarzt geraten, weil sich sonst Bakterien bilden können, und das frißt unser „Pascha" um keinen Preis. Und noch etwas, wenn ich Ihnen sagen darf: Der Futternapf muß im Eßzimmer vor der Anrichte stehen, auf dem schmalen Perser, einen anderen Freßplatz akzeptiert der „Pascha" nicht. Sie wissen ja, daß es eine Perserkatze ist. Die sind sehr eigen.

Die Türe in den Keller lassen Sie bitte Tag und Nacht auf. Dann kann der „Pascha" in sein Kistchen gehen, wenn es ihn drückt. Wenn Sie das Katzenklo alle drei Tage sauber machen, genügt es. Sonst riecht die ganze Wohnung etwas unangenehm. Zwischendurch wäre es nett, wenn Sie die Katze in den Garten hinauslassen würden. Sie bleibt meistens nicht länger als 20 Minuten. Sie meldet sich schon an der Haustür, wenn sie herein will. Nachts bleibt sie im Haus. Sie sollten nur das Flurlicht brennen lassen und in der Frühe wieder ausmachen, wenn Sie zur Morgenfütterung herüber kommen.

Gleich Anfang nächster Woche erwarten wir eine Nachnahmesendung mit der Paketpost. Meine Frau hat sich einen neuen Morgenmantel, eine Tischdecke und einen Satz Unterwäsche bestellt. Sind Sie doch so freundlich und legen Sie den Betrag für uns aus. Es werden so an die 180 Mark sein. Und vergessen Sie am Donnerstag die Papiertonne nicht. Die Biotonne ist erst am Freitag an der Reihe.
Und noch eine bescheidene Bitte: Es könnte sein, daß in der Post eine Rechnungsanmahnung der Fa. Schlauder & Schluri dabei ist. Es handelt sich um die Heizölrechnung vom letzten Oktober. Wir hatten damals einen finanziellen Engpaß. Es wäre mir recht, wenn Sie den Betrag möglichst umgehend überweisen könnten. Sie brauchen es nicht bar bezahlen, sondern können es gerne über Ihr Konto laufen lassen. Wir werden, wie gesagt, umgehend nach unserer Rückkehr mit Ihnen abrechnen.

Nun wünschen wir Ihnen eine angenehme Woche zu Hause und viel Vergnügen zum Faschingsende

Ihr

Wolfgang [illegible]

PS: Im Wohnzimmer, bei den Kindern und in der Küche wären die Blumen zu gießen, sagt meine Frau gerade noch. Sie möchte nicht, daß sie vertrocknet sind, bis wir heimkommen. Das Gießwasser nehmen wir nicht von der Leitung, sondern holen es aus der Regentonne im Garten.

Jürgen Sprenzinger
Friedenstraße 7a
86179 Augsburg

Herrn
Wolfgang Schlingen
Friedenstraße 9

86179 Augsburg

22. Februar 1999

Sehr geehrter Herr Schlingen,

anbei Ihren Hausschlüssel zurück. Ich hätte Ihnen den Hausschlüssel gerne persönlich zurückgebracht, doch meine Frau und ich mußten wegen einer blöden Beerdigung dringend nach Berlin. Ausgerechnet jetzt stirbt unsere Tante Adelheid, die alte Schachtel, die ekelhafte. Einen dümmeren Zeitpunkt hätt die sich nicht aussuchen können! Ich frag mich, wie kann man bloß im Februar sterben, mitten im Fasching. Aber die Tante Adelheid hatte schon immer einen etwas eigenartigen Humor.

Aber da Sie ja heute abend zurückkommen, sollte das ja kein Problem sein.

Also: Ich hab den Pascha gefüttert, so wie Sie es gesagt haben. Genau in der Früh um 7 Uhr 18 bin ich zu Ihnen rüber und hab die Milch angewärmt. Dazu hab ich mir extra ein Baby-Thermometer gekauft, weil man will ja nichts verkehrt machen. Ich hab die Milch auf 26 Grad Celsius erwärmt und dem Pascha hingestellt. Danach ist meine Frau gekommen und hat sich neben ihn auf den Boden gesetzt. Da hat er die ganze Milch ganz schnell ausgeschleckt. Ich vermute, er hat Angst gehabt, meine Frau säuft ihm die Milch weg.

Um 15 Uhr 45 hat er dann täglich sein Sheba bekommen. Selbstverständlich haben wir das Futterschüsselchen nach der Fütterung sofort wieder sauber gemacht. Sogar desinfiziert haben wir das Futterschüsselchen – und zwar mit Sagrotan, danach hat es meine Frau noch mit dem Gartenschlauch ausgespritzt und mit dem Heißluftfön bei 120 Grad getrocknet. Keine einzige Bakterie hat diese Prozedur überlebt, ich hab es mit dem Mikroskop eigenäugig überprüft. Den Perserteppich, auf dem der Pascha immer sein Mahl zu sich genommen hat, haben wir nach jeder Fütterung auf Milben untersucht und sie mit der Pinzette abgesammelt. Wir haben in der ganzen Zeit Ihrer Abwesenheit insgesamt 16 Milben beseitigt. Das Katzenklo ist übrigens ebenfalls desinfiziert worden. Sie sehen, wie genau wir sind, wenn uns etwas aufgetragen wird. Wir stehen nämlich auf dem Standpunkt, daß wenn man was macht, dann soll man das richtig machen oder gar nicht.

Die Nachnahmesendung ist ebenfalls, so wie Sie es angekündigt haben, gekommen. Es hat 185 Mark und 60 Pfennig gekostet. Das macht in Euro genau 94 Euro und 90 Cent. Ich hab Ihnen den Betrag gleich in Euro umgerechnet, weil die Banken machen es ja auch so. Eine kleine Aufmerksamkeit von mir.

Leider habe ich vergessen, Ihre Biotonne herauszustellen. Die Papiertonne ist geleert worden, aber die Biotonne hab ich wirklich vergessen. Meine Frau hat mich geschimpft wie ein Rohrspatz. Aber jetzt ist es schon so, und ich hoffe nur, daß es jetzt bei Ihnen im Garten nicht zu sehr stinkt. Die Mahnung von dieser Firma Schlauder & Schluri ist nicht gekommen, also hab ich Ihre Ölrechnung auch nicht bezahlt, was ich gerne für Sie erledigt hätte, aber ich weiß ja den genauen Betrag nicht.

Die Blumen sind ebenfalls gegossen – und meine Frau hat jeden Tag mit Ihren Pflanzen geredet. Meine Frau sagt nämlich, daß die Pflanzen dann besser wachsen täten. Da hab ich zu meiner Frau gesagt, daß sie die Pflanzen um Gottes Willen nicht so dumm anreden soll, wie sie das bei mir immer tut, sonst gehen die vielleicht sogar ein von dem Geschwätz. Bei uns gibt es nämlich keine Zimmerpflanzen mehr – meine Frau hat sie alle totgeredet.

Wir sind in drei Tagen wieder da und dann melde ich mich bei Ihnen.

Mit freundlichen Grüßen

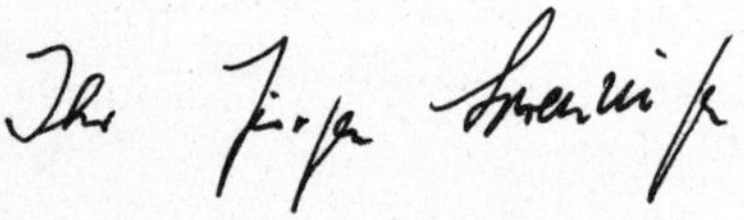

Wolfgang Schlingen
Friedenstraße 9
86179 Augsburg

Herrn
Jürgen Sprenzinger
Friedenstraße 7a

86179 Augsburg

22. Februar 1999

Sehr verehrter Herr Nachbar,

mit großem Bedauern haben wir in Ihrem freundlichen Brief nach unserer Rückkehr vom Ableben Ihrer verehrten Tante in Berlin erfahren. Ihrer Formulierung entnehmen wir, daß sie jedoch ein erfülltes Leben hinter sich hat und mit einem angeborenen Mutterwitz gesegnet war. Vielleicht hat sie sich gerade deshalb den Faschingstermin zum überraschenden Hinscheiden ausgesucht. Spaß beiseite, meine Frau und ich bringen Ihnen und der ganzen Familie auf diesem Weg unsere herzliche Anteilnahme zum Ausdruck.

Es ist meistens ein herber Verlust, wenn man auf dem Todesweg einen lieben Verwandten verliert. Ein Onkel meiner Frau, der seit 20 Jahren Witwer war, hat vor drei Jahren ins Gras beißen müssen, wie man im Volksmund so schön sagt. Er war auch über 80 und hat sein ganzes Vermögen mit einem Frauenzimmer durchgebracht, die es nur auf sein Geld abgesehen hat. Vor zehn Jahren wenn er gestorben wäre, hätten wir noch schön geerbt, hat meine Frau immer gesagt. Aber seit er dieses Luder gehabt hat, war ihm die Verwandtschaft völlig wurscht. Wir hoffen nicht, daß es Ihnen mit Ihrer Berliner Tante auch so geht und Sie womöglich noch umsonst zur Beerdigung hingefahren sind.

Übrigens vielen Dank für Ihre Mühe, die Sie sich mit unserem „Pascha“, den Pflanzen und der Post gemacht haben. Der Kater war natürlich froh, wie er uns wieder gesehen hat. Es ist ja klar, daß so ein Viech empfindlich ist, wenn er auf einmal von Fremden versorgt wird. Die Blumen haben das Gerede von Ihrer Frau gut verstanden. Die Schwiegermutterzunge ist richtig groß und spitzig geworden. Da hat Ihre Frau scheinbar den richtigen Ton getroffen.

Das mit der Biotonne ist nicht so schlimm, weil nicht so viel Abfall angefallen ist. Aber gemerkt haben wir es gleich, daß sie nicht leer ist, weil es im Garten wahnsinnig stinkt. Sie haben wahrscheinlich nicht gewußt, daß man unausgewaschene Shebadosen nicht in die Biotonne werfen darf. Wir spülen sie immer aus, weil es halt hygienischer ist. Meine Frau ist da penibel. Sie ist schon so erzogen worden.

Die ausgelegten 185.60 für die Nachnahmesendung werden wir sofort zurückerstatten, wenn wir die Rückzahlung vom Finanzamt kriegen. Die müßte jeden Tag kommen. Wir sind nämlich zur Zeit etwas knapp bei Kasse. Der Urlaub hat doch etwas mehr gekostet wie vermutet.

Aber wir haben im Tirol eine schöne Zeit erlebt. Ich habe viel an Sie denken müssen, Herr Sprenzinger, wie am Aschermittwoch unser Freund Heiko vor dem Frühstück ins Freie geschaut hat.

Dann ist er hereingekommen und hat gesagt: Die Kälte ist gebrochen! Meine Frau hat gemeint, es sei besser, wenn die Kälte gebrochen **ist** wie wenn sie gebrochen **hat**. Wenn nämlich einer gebrochen hat oder kotzen muß, wie man sagt, gibt es jedesmal eine Riesensauerei. Sie werden es nicht glauben: Noch am gleichen Aschermittwochabend, wo eigentlich der erste Fastentag ist, hat der Heiko zu viel Roten erwischt, daß er gekotzt hat wie ein Reiher. Dann ist er zusammengebrochen. Wie die Kälte vor der Hütte.

Wenn Sie von der Beisetzung Ihrer Frau Tante zurück sind, laden wir Sie zu einem kleinen Umtrunk ein. Wir haben ein paar Flaschen Roten mitgebracht. Ich kann Ihnen sagen, der geht in die Glieder. Das ist der reinste Sprit. Ich glaube, daß wir mit einer Tankfüllung auf der Autobahn hundert Kilometer weit kommen. Wir zeigen Ihnen dann auch das Video vom Urlaub, wie wir alle zusammensitzen und feiern. Dann lernen Sie auch den Heiko und seine Frau kennen, die immer dabei sind.

Wir freuen uns schon, wenn wir uns erkenntlich erweisen können für Ihre Hilfsbereitschaft. Es ist aber besser, wenn Sie den Hund daheim lassen wegen unserem „Pascha“. Sie wissen ja, wie empfindlich so Edelkatzen sein können. Ihre „Ira“ ist ja ans Haus gewohnt. Wir hören sie immer stundenlang bellen, wenn Sie ausgehen. So ein wachsames Tier ist mehr wert wie eine Alarmanlage.

Sie hören von uns!

Mit freundlichen Grüßen

Jürgen Sprenzinger
Friedenstraße 7a
86179 Augsburg

Herrn
Wolfgang Schlingen
Friedenstraße 9

86179 Augsburg

26. Februar 1999

Sehr geehrter Herr Schlingen,

gestern abend sind wir nun endlich zurückgekommen von Berlin, und es war eine recht schöne Beerdigung, allerdings war die Fahrt wirklich für die Katz, weil geerbt haben wir nämlich nichts. Wir hätten schon ein paar Mark brauchen können, schon deshalb, weil der Umzug so teuer war. Aber wir haben einige Bekannte getroffen, und eigentlich war die Beerdigungsfeier danach eine mords Gaudi. Weil der Albert Otte, ein alter Bekannter, nämlich erzählt hat, wie seine Oma eingebrochen ist.

Das muß ich Ihnen persönlich erzählen, aber vorab: Die Oma vom Albert ist vor elf Jahren gestorben und ganz normal beerdigt worden. Vor sechs Wochen rief ihn die Friedhofsverwaltung an und hat ihm mitgeteilt, daß ein riesiges Loch in dem Grab von seiner Oma ist. Er hat dann nachgeschaut, und tatsächlich war im Grab ein Loch. Er hat zuerst geglaubt, da hätte ein Meteorit eingeschlagen. Aber dann ist er draufgekommen, daß seine Oma eingebrochen ist.

Also eigentlich nicht die Oma selber, sondern der Sarg von der Oma. Und weil der eingebrochen ist, war er plötzlich platt wie eine Flunder, und dadurch ist unterirdisch im Grab ein Hohlraum entstanden und von oben Erde nachgerutscht. Also ein Erdrutsch im kleinen, ein Mini- Erdrutsch. Und dadurch ist oberirdisch ein Loch entstanden. Schuld war da eigentlich nicht die Oma, sondern die Feuchtigkeit, weil wenn es so feucht ist, verfault der beste Sarg. Wir haben uns alle fast totgelacht.

Das ist uns schon klar, daß Ihr Pascha wieder froh war, als Sie wieder da waren. Die Viecherl hängen halt an einem, das weiß ich schon. Bei unserem Hund ist es ja genauso. Verzogen sind sie halt recht! Mein Hund bekommt zum Beispiel immer zu Ostern seinen Osterhasen. Denn kauf ich meistens beim Dehner in der Tierabteilung. Der Verkäufer fragt dabei immer, ob es ein brauner oder ein weißer sein soll. Als ob das meinem Hund nicht wurscht wär! Hunde sehen doch eh bloß schwarz-weiß, hab ich mal gelesen. Wichtig ist, daß der Hase schnell ist, weil sonst erwischt ihn mein Hund ja gleich beim ersten Durchgang. Immer am Ostersonntag darf mein Hund einen Hasen jagen, wissen Sie. Es ist ja ein Jagdhund. Wir gehen dann immer in den Wald, ich laß den Hasen laufen, und wir geben ihm 30 Sekunden Vorsprung. Und dann geht's los. Und für mich ist das fast so aufregend wie ein Formel-I-Rennen im Fernsehen. Zweimal hat übrigens der Hase gewonnen. Das war Ostern 1992 und 1994.

Mit den 185 Mark 60 können Sie sich ruhig Zeit lassen. Also machen Sie sich deswegen keine Gedanken. Und ich weiß, daß das Finanzamt nicht gerade das Schnellste ist, wenn es wieder was hergeben muß. Aber beim Kassieren – da sind die so schnell, das glaubt man kaum – eine solche Geschwindigkeit traut man den Beamten normalerweise gar nicht zu!

Das mit der Kälte darf man nicht so wörtlich nehmen. Man vergleicht das immer mit dem Glas. Man sagt ja auch, daß es eine klirrende Kälte ist. Allerdings ist es schon besser, wenn die Kälte bricht, als wie wenn sie gebrochen hätte. Stellen Sie sich vor, die Kälte würde vor Ihre Haustüre hin brechen! Das glaubt Ihnen doch kein Mensch, wenn Sie behaupten würden, die Kälte hätte Ihnen vor die Haustüre gekotzt und ist dann gebrochen. Da täte man Sie ja ins Irrenhaus sperren!

Ihre Einladung nehmen wir gerne an, auch meine Frau. Die braucht normalerweise immer eine Extraeinladung, aber diesmal hat sie es auf Anhieb getscheckt. Am besten ist, wir telefonieren und machen einen Termin aus, wann es Ihnen recht ist. Ich rufe Sie morgen an. Dem Hund haben wir von der Einladung nichts erzählt, sonst tät er sofort mitwollen.

Mit freundlichen Grüßen

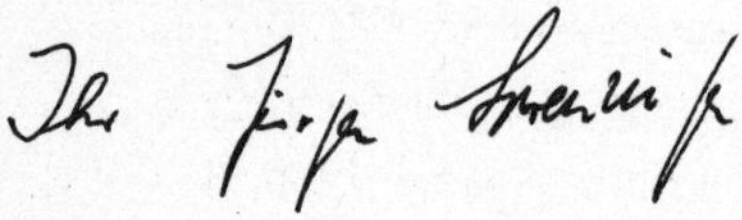

Wolfgang Schlingen
Friedenstraße 9
86179 Augsburg

Herrn
Jürgen Sprenzinger
Friedenstraße 7a

86179 Augsburg

27. Februar 99

Sehr geehrter Herr Sprenzinger,

schön, daß Sie wieder da sind. Ich hatte Ihnen ja geschrieben, daß wir uns gerne mal mit Ihnen zusammensetzen würden. Leider haben wir zur Zeit einen Riesenärger. Ich weiß nicht, ob ich Ihnen damals geschrieben habe, daß unsere Kinder immer bei guten Bekannten untergebracht sind, wenn wir unseren Faschingsurlaub nehmen. Die Freunde wohnen in der Nähe von München, sind kinderlos und beide berufstätig. Sehr hilfsbereite Leute, muß ich sagen. Bisher sind sie immer dagewesen, wenn wir sie gebraucht haben. Wie wir dieses Mal die Kinder abgeholt haben, war schon so eine miese Stimmung. Dann haben sie gesagt, daß es das letzte Mal gewesen ist, daß sie die Rangen genommen haben.

Unser „Bene", der 13jährige, ist zwar sehr lebhaft, aber eigentlich gut zu haben. Er soll eine Spritztour mit dem neuen Kleinwagen der Steins unternommen und einen Schaden verursacht haben. Aber erstens tut unser Bub das nicht ohne Erlaubnis und zweitens fährt er gar nicht so schlecht Auto. Er darf zum Beispiel unseren Nissan jederzeit in die Garage fahren, und da ist noch nie was passiert. Der angebliche Schaden ist ein ca. 30 cm langer Kratzer am rechten Kotflügel vorn. Da hat der „Bene“ aus Versehen den Pfosten des Gartentores gestreift. Jeder weiß, daß man so eine Lappalie mit einem Poliermittel ohne weiteres heraus bringt.

Die Bekannten machen jetzt einen Zirkus um den Vorfall und nehmen die Kinder nicht mehr. Der Simone, unserer Jüngsten, haben sie Prügel angedroht, bloß weil sie eine Nacht bei einer Freundin geschlafen hat und den Steins nichts gesagt hat. Solche Leute, die selber keine Kinder haben, können eben auch mit jungen Menschen nicht umgehen. Jedenfalls haben die unsere Kinder zum letzten Mal gekriegt, das dürfen Sie mir glauben.

Wegen der Einladung möchte ich Sie noch um etwas Geduld bitten, weil wir zuerst die blöde Angelegenheit erledigt haben wollen. Es paßt uns auch wegen der finanziellen Belastung nicht so recht in den Kram. Beim Finanzamt will ich sowieso Einspruch einlegen, weil sie die Abschreibung meiner Frau nicht anerkannt haben. Ich habe beim Lohnsteuerjahresausgleich darauf hingewiesen, daß meine Frau für mich eine Reihe von Sonderausgaben verursacht und deshalb als außergewöhnliche Belastung angesehen werden muß. An eine Amortisation dieser Investition sei nicht zu denken.

Sie sehen schon, nichts als Ärger und Unannehmlichkeiten. Ich hoffe aber, Sie und Ihre verehrte Gattin bald zu uns nach Hause einladen zu können.

Mit freundlichen Grüßen

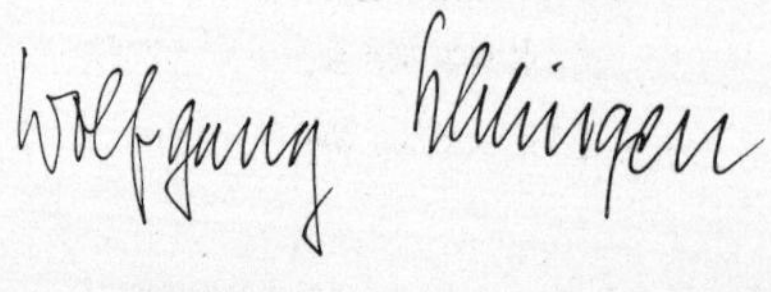

Jürgen Sprenzinger
Friedenstraße 7a
86179 Augsburg

Herrn
Wolfgang Schlingen
Friedenstraße 9

86179 Augsburg

28. Februar 1999

Sehr geehrter Herr Schlingen,

Sie schreiben, es ist schön, daß ich wieder da bin. Ich teile Ihnen hiermit mit, daß ich eigentlich gar nicht fort war, sondern genau genommen Sie. Sie waren doch fort und haben auf dieser Hütte gehaust bzw. gehüttet.

Meine Frau hat sich ernste Sorgen gemacht, weil sie gedacht hat, Sie hätten durchgedreht. Aber dann haben wir Ihren Brief weitergelesen und gemerkt, daß Sie momentan große Sorgen mit Ihrem Nachwuchs haben. Das tut uns leid. Und meine Frau hat gesagt, wie froh sie mal wieder ist, daß wir keine Kinder nicht haben. Sonst hätten wir jetzt auch so einen Ärger und wären ebenfalls so verwirrt wie Sie.

Daß Ihre Bekannten so ein Theater machen um so einen Kratzer im Auto, das kann ich auch nicht verstehen. Wenn Ihr Bene mal eine Spritztour macht, dann ist das doch nicht so schlimm. Er könnte ja was viel Schlimmeres machen. Einen umbringen oder mit Rauschgift handeln. Das wäre wirklich schlimm. Aber so ein Kratzer im Auto, das ist doch nichts! Aber daran sieht man mal wieder, wie der Deutsche zu seinem Auto steht. Ein Götze ist es! Es wird angebetet und gehegt und gepflegt. Derweil ist es eigentlich nur eine Blechkiste, die einen von A nach B bringen soll. Und auch das ist ein Wahnsinn, weil da setzt man fast eineinhalb Tonnen Masse in Bewegung, nur damit man seinen Hintern von ungefähr 75 Kilo vom Fleck bringt. Es ist ein Irrsinn, was die Menschheit so alles treibt! Von den Abgasen, also ich mein, den sogenannten Auspuffgasen, will ich noch gar nicht reden.

Aber wo man hinschaut, es ist ein einziger Krampf mit der Menschheit. Überall nur Vernichtung, Konsum, Krieg und Machtkampf. Die Regenwälder werden abgeholzt, Atombomben und Raketen werden am Fließband hergestellt, aber gegen den Katarrh haben sie noch nichts erfunden, diese blöden Wissenschaftler!

Ihr Bene ist genau genommen eigentlich gar nicht schuld an dem Kratzer, sondern der Erfinder des Autos. Weil wenn der das nicht erfunden hätt, dann gäbe es auch kein Auto, und Ihr Bene hätte nicht fahren können und schon gar nicht gegen den Pfosten eines Gartentores. Eine saublöde Erfindung, so ein Gartentor. Früher zu meiner Zeit hat man auch kein Gartentor gebraucht. Da waren die Leute noch anständig.

Ich hoffe, Sie haben diese Schwierigkeiten bald überwunden.

Mit bedauernden Grüßen

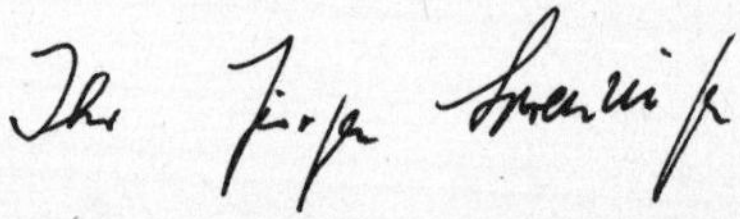

Jürgen Sprenzinger
Friedenstraße 7a
86179 Augsburg

Herrn
Wolfgang Schlingen
Friedenstraße 9

86179 Augsburg

1. März 1999

Sehr geehrter Herr Schlingen,

hiermit laden wie Sie ganz offiziell und förmlich zu mir ein. Und zwar am 6. März, das ist ein Samstag. Wir haben uns gedacht, daß man dann, falls der Abend etwas länger wird, am wahrscheinlich nachfolgenden Sonntag ausschlafen kann.
Deswegen laden wir Sie nach reiflicher Überlegung am Samstag, den 6. März, ein und nicht am Sonntag, den 7. März, weil danach ein Montag folgt, an dem man nicht ausschlafen kann, sondern in die Arbeit muß.

Ich habe versucht, Sie anzurufen, aber leider ist scheinbar Ihr Telefon kaputt. Deswegen schreib ich Ihnen freiwillig, ohne daß ich vorher einen Brief von Ihnen gekriegt hätt.

Mit freundlichen Grüßen

Ihr Jürgen Sprenzinger

Wolfgang Schlingen
Friedenstraße 9
86179 Augsburg

Herrn
Jürgen Sprenzinger
Friedenstraße 7a

86179 Augsburg

2. März 1999

Sehr geehrter Herr Sprenzinger,

Sie können gar nicht ahnen, wie wir uns über Ihre Einladung gestern gefreut haben. Meine Frau hat gesagt, gerade weil die Sprenzingers keine Kinder haben, wissen sie, was das für Sorgen sein können. Und mit dem Geld ist es wahrscheinlich genauso. Es ist uns schon ein bißchen peinlich, daß wir die Nachnahme vom Wäscheversand noch nicht haben begleichen können. Wir bringen den Betrag möglicherweise schon zu Ihrer Einladung am 6. mit, für die wir uns hiermit herzlich bedanken.

Wenn es Ihnen recht ist, bringen wir ein paar Urlaubsvideos mit, die wir dann zusammen anschauen können. Sie wissen schon, die vom letzten Fasching auf der Hütte. Und auch die vor ein paar Jahren.

Was das Essen betrifft, soll sich Ihre Frau bloß keine Umstände machen. Meine Frau und ich essen eigentlich alles. Was wir absolut nicht mögen, sind ein saurer Preßsack mit Zwiebeln, Innereien und gebundene Suppen, weil man da nie weiß, was hineingerührt worden ist. Leider sind wir von unseren Gewohnheiten her gewöhnt, spätestens bis 19 Uhr gegessen zu haben. Das schleift sich halt so ein. Sobald ich später feste Nahrung zu mir nehme, habe ich nachts das Aufstoßen. Es ist eben nicht jeder ein gleich guter Futterverwerter. Der Mensch ist halt, wie man sagt, ein Gewohnheitstier. Wenn es Ihnen nichts ausmacht, kämen wir deshalb gerne schon zwischen halb sieben und sieben zu Ihnen. Mit dem Trinken habe ich Gottseidank keine solchen Schwierigkeiten. Vom Bier her sind wir beide anspruchslos. Wir trinken werktags fast immer Sonderangebote aus dem Getränkemarkt, am liebsten aber Andechser und beim Weißbier Hasenbräu. Bei Wein, Spirituosen etc. sind wir sowieso „Allestrinker".

Sie werden sagen, was sind das für Gäste. Aber so, wie wir Sie bis jetzt kennengelernt haben, haben Sie schon ein offenes Ohr für andere. Wissen Sie, meine Frau und ich sind sozusagen gerade heraus. Schon mein Vater hat immer gesagt: „Bub, sag immer, was du denkst und was du willst, dann kommst du im Leben voran." Und meine Frau ist genauso. In diesem Sinn möchten wir auch unsere Nachbarschaft vorantreiben.

Wir freuen uns auf den Besuch bei Ihnen und grüßen Sie herzlich

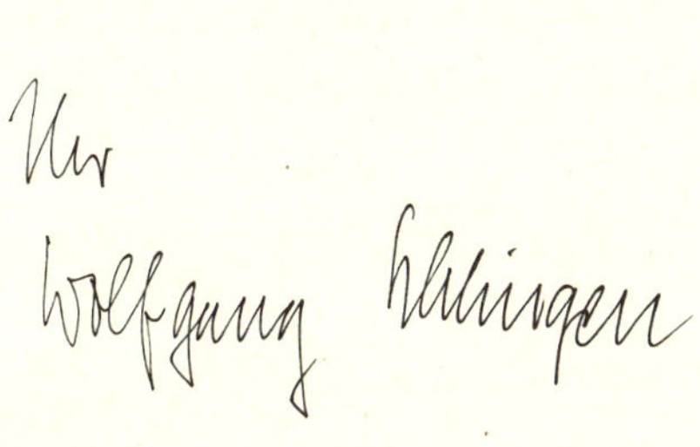

Jürgen Sprenzinger
Friedenstraße 7a
86179 Augsburg

Herrn
Wolfgang Schlingen
Friedenstraße 9

86179 Augsburg

4. März 1999

Sehr geehrter Herr Schlingen,

ich freue mich, daß Sie sich über die Einladung gefreut haben. Deswegen hab ich Sie ja eingeladen, damit Sie sich freuen sollen. Eine Einladung, die keine Freude macht, ist ein Schwachsinn.

Ihre Urlaubsvideos können Sie ruhig mitbringen, wir müssen die ja nicht unbedingt anschauen, es sei denn, uns geht der Gesprächsstoff aus, und das glaub ich nicht, weil mir immer wieder was einfällt. Ich komm vom Hundertsten ins Tausendste. Damit hab ich überhaupts kein Problem nicht. Oft sagt meine Frau zu mir, ich soll jetzt endlich meine Gosche halten. Schon wie ich noch ein Bub war, hat meine Mutter immer zu mir gesagt, daß wenn ich mal sterben tät, dann müßte man das Mundwerk eigens totschlagen, damit Ruhe wär.

Umstände machen wir nicht, sondern ein Essen. Umstände haben wir noch nie gegessen. Innereien mögen wir übrigens auch nicht. Höchstens eine sauere Lunge mit Semmelknödel. Aber nur die Lunge von einer Kuh, die nicht geraucht hat. Aber Gott sei Dank rauchen Kühe ganz selten, hab ich mir sagen lassen. Meistens raucht ja nur der Bauer oder die Bäuerin und die Kuh raucht bloß mit. Unfreiwillig, wenn sie zufällig neben dem Bauer steht. Wenn die Kuh allerdings schlau ist, dann geht sie weg oder hält den Atem an.

Gebundene Suppen kennen wir übrigens auch nicht. Unsere Suppen bewegen sich völlig frei im Teller – ungebunden. Wenn Sie den Teller mit der Suppe an die Wand schmeißen täten, dann würde sich die Suppe sofort vom Teller lösen und an der Wand herunterlaufen. Also da brauchen Sie keine Sorgen haben. Wir sind sehr tolerant, auch unseren Suppen gegenüber und würden nie eine Suppe binden. Bei uns sind alle Suppen völlig ungebunden.

Jetzt kommen Sie doch einfach am 6. März vorbei und lassen Sie sich überraschen.

Viele Grüße

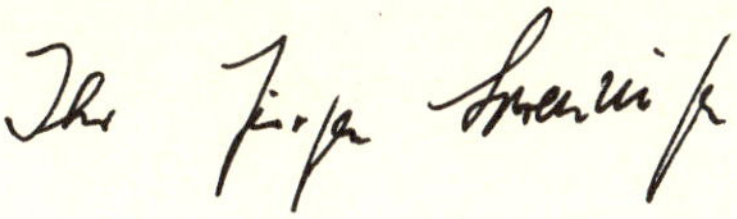

Wolfgang Schlingen
Friedenstraße 9
86179 Augsburg

Herrn
Jürgen Sprenzinger
Friedenstraße 7a

86179 Augsburg

7. März 1999

Sehr geehrter, lieber Herr Sprenzinger,
sehr geehrte, liebe Frau Sprenzinger,

meine Frau und ich wollen uns auf diesem Weg spontan für Ihre zünftige Einladung bedanken, die uns gestern abend sehr viel näher gebracht hat. Wir haben heute schon beim Frühstück über Ihre phantasievollen Witze und die Charakterisierung der übrigen Nachbarn gelacht. Sie sind halt ein Menschenkenner, das merkt man sofort. Sonst könnten Sie gar nicht so gut mit Ihrem Hund umgehen. Das ist ja so ein kluges Vieh, unser Freund Heiko würde sagen, den sollte man studieren lassen.

Als Ihre Frau die herrliche Pizza aufgetischt hat, haben uns unsere Nasen schon signalisiert, daß wir richtigliegen, will sagen, daß Sie eine gute Wahl getroffen haben. Die Pizzen vom Orlandi sind absolut in Ordnung. Wir haben zuerst schon befürchtet, Sie hätten beim Pizza-Express bestellt. Der schaufelt den Knoblauch sackweise drüber, was wir nicht ausstehen können. In der Stadt heißen sie den Pizza-Express deswegen auch den Orient-Express. Stinkt sozusagen wie ein Sonderzug aus Anatolien.

Der Khemal, der bei uns die Friedenstraße kehrt, ist so ein Türke aus Anatolien. Der stinkt hundert Meter gegen den Wind nach Knoblauch. Ich mag den Kerl gerne, ist ein anständiger Mensch. Aber ich hab ihm gleich sagen müssen: „Khemal, du gut Turkman. Aber nix gut, was du essen. Knoblauch nix gut für Deitschmann. Vor mein Haus nix kehren, du weitergehn, hopp,hopp." Wissen Sie, ich kann ja nicht so gut türkisch, aber er hat es sofort kapiert. Das sind ja willige Leute, wenn man sie richtig anpackt. Und dumm sind die ja auch nicht. Wahrscheinlich hat er schnell gesehen, daß er weniger arbeiten muß, wenn er vor unserm Haus nicht saubermachen muß. Das macht meine Frau jetzt immer. Sogar besser als der Straßenkehrer.

Übrigens, haben Sie schon bemerkt, wie der Nachbar von Nr. 11 sein Auto immer parkt? Meine Frau hat schon oft gesagt: „Mein Gott, wenn der Herr Sprenzinger mit seinem Hund herauskommt, sieht er nicht einmal, ob von links ein Auto kommt. Wie er sich das bloß gefallen läßt." Ich muß auch sagen, da würde ich nicht so gelassen reagieren. Wahrscheinlich wissen Sie auch gar nicht, was das für ein unangenehmer Zeitgenosse ist. Undurchsichtiger Beruf, wechselnde Arbeitszeiten, merkwürdiger Umgang. Naja, wir können ja in Ruhe mal drüber reden.

Wir freuen uns jetzt schon auf einen gemütlichen Abend mit Ihnen, diesmal bei uns.

Ihr

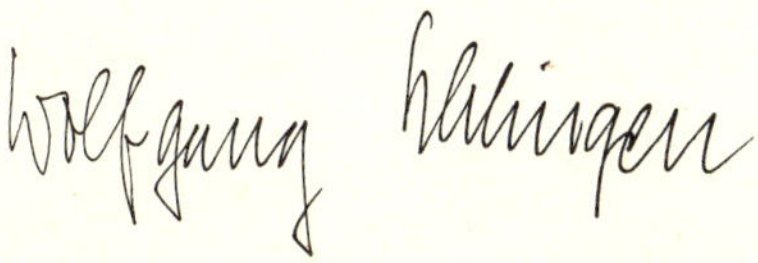

Jürgen Sprenzinger
Friedenstraße 7a
86179 Augsburg

Herrn
Wolfgang Schlingen
Friedenstraße 9

86179 Augsburg

9. März 1999

Sehr geehrter Herr Schlingen,

es hat uns sehr gefreut, daß es Ihnen bei uns in unserem bescheidenen Heim so gut gefallen hat. Im übrigen war die Pizza, die wir Ihnen aufgetischt haben, nicht vom Orlandi, sondern die hat meine Frau selber gemacht. Sie hat vier Jahre in einer Pizzeria gearbeitet, deswegen kann sie das auch so gut. Niemals täten wir Ihnen eine Pizza vom Orlandi vorsetzen, ja soweit kommt's noch!

Ich weiß schon, der Nachbar von Hausnummer 11 ist ein Saukopf. Er parkt sein Auto absichtlich so blöd, wahrscheinlich, damit er mich ärgern kann. Ich weiß schon, was das für einer ist! Die Frau Krallmeier gegenüber hat mich schon über den Herrn aufgeklärt. Ein ganz ein undurchschaubarer Mensch muß das sein! Von Beruf soll er Schriftsteller sein oder so was ähnliches. Er schreibt angeblich Bücher. Aber das kann ja jeder sagen. Wahrscheinlich ist er gar kein richtiger Schriftsteller, sondern irgend so ein billiger Zeitungsschmierer, der in die Arbeit geht, wann er will, unregelmäßig und vollkommen undiszipliniert. Deswegen parkt er ja auch immer sein Auto so schlampig, das paßt zu dem. Und ich hab auch schon beobachtet, was für Leute bei dem aus und ein gehen. Da sind vielleicht Typen dabei! Junge Weiber mit langen Haaren und kurzen Röcken und so. Na ja, viel Phantasie braucht man da ja nicht, man weiß sofort, aus welchem Miljö die stammen. Da brauch ich nicht mal eine Brille aufsetzen.

Aber diese Journalisten und Schreiberlinge sind eh ein komisches Volk. Mein Neffe ist auch so einer. Er hat ein Buch geschrieben über die Fortpflanzung von Außerirdischen, glaub ich. Es heißt: „Wenn das Alien dreimal klingelt" oder so ähnlich. Also ich sag Ihnen, sowas haben Sie noch nie gelesen! 90 Prozent aller fliegenden Untertassen sind nichts anderes als fliegende Bordelle – Sodom und Gomorra im Weltall! Ich weiß allerdings nicht, woher mein Neffe das weiß. Er hat mir aber erzählt, er wäre angeblich von einem Ufo entführt worden. Zuerst hätten ihn die Außerirdischen operiert und dann mit Viagra vollgestopft. Danach sei er ohnmächtig geworden. Als er wieder aufgewacht ist, lag er im eigenen Bett zuhause im Schlafzimmer, neben ihm seine Frau mit einem glücklichen Gesichtsausdruck. Irgendwas war da passiert, was er sich bis heute nicht erklären kann. Ihm fehlt einfach ein Stück, ein Stück Film, meint er.

So ganz glaub ich ihm das ja nicht. Mein Neffe hatte schon als Kind eine blühende Phantasie. Deswegen ist er auch ein Buchautor geworden.

Aber um nochmal auf den sauköpfischen Herrn von Hausnummer 11 zurückzukommen: Wissen Sie, was der vor der Haustüre stehen hat? Ein Plastik-Sparschwein! Aber kein gewöhnliches Plastik-Sparschwein, sondern ein Plastik-Sparschwein, das den Schlitz nicht auf dem Rücken hat, sondern dieses Plastik-Sparschwein macht einen Handstand und hat den Schlitz – ja, wie soll ich das jetzt sagen, da gibt es gar keinen Ausdruck dafür, so eine Schweinerei ist das! Und des weiteren hat er zudem auch nackte Statuen in eindeutiger Pose im Garten stehen.

Sogar mein Hund ist unangenehm davon berührt. Wenn er könnte, würde er sich jedesmal die Pfoten vor die Augen halten, was er aber nicht kann, da er ja auf selbigen laufen muß. Aus dokumentarischen Gründen hab ich das mal fotografiert. Man weiß ja nie, wofür solche Beweismittel gut sein können. Ich leg Ihnen die Fotos bei, dann können Sie sich selbst ein Bild davon machen. Man sollte ihn anzeigen, diesen Exhibitionisten!

Ich sag Ihnen, wie's ist: Der Mensch ist total abartig. Noch dazu raucht er Zigaretten ohne Filter.

Aber darüber unterhalten wir uns mal am besten persönlich. Vielleicht können wir dazu auch eine Flasche Wein köpfen, denn ohne Alkohol halten wir das sonst gar nicht aus!

Mit den besten Grüßen

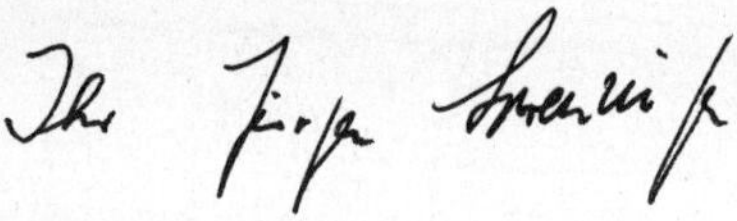

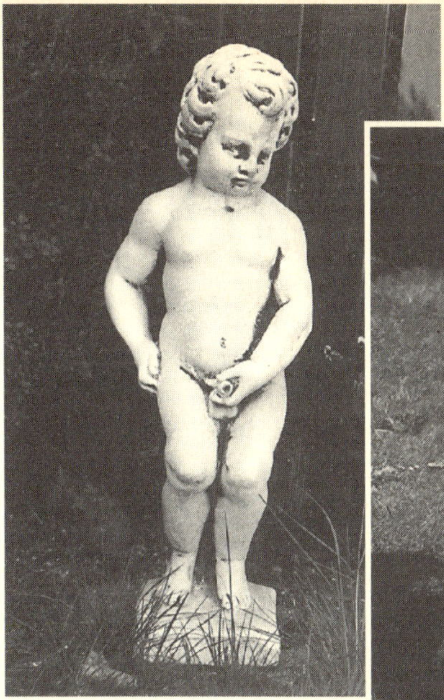

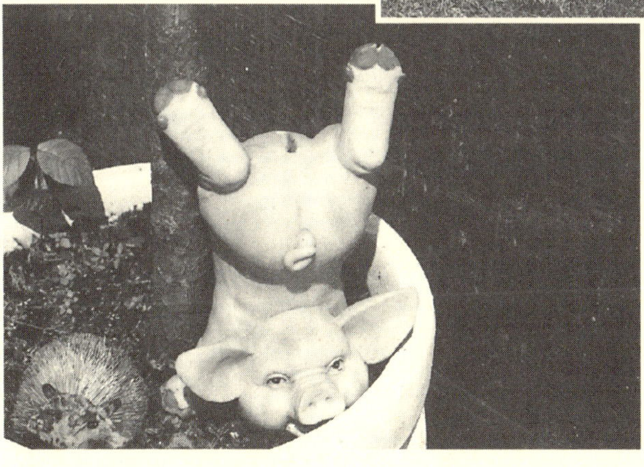

Wolfgang Schlingen
Friedenstraße 9
86179 Augsburg

Herrn
Jürgen Sprenzinger
Friedenstraße 7a

86179 Augsburg

Augsburg, 11. März 1999

Lieber Herr Sprenzinger,
liebe Frau Sprenzinger,

wir möchten Sie gerne in der Woche vom 8. bis 13. März bei uns als Gast sehen. Rufen Sie doch einfach an, welcher Tag Ihnen am liebsten ist. Wir sind die ganze Woche über frei und können uns nach Ihnen richten.

Es wird bestimmt ein netter Abend werden, wollen wir Ihnen doch einige unserer lustigen Videofilme aus verschiedenen Urlauben zeigen. Außerdem freuen wir uns schon wieder auf Ihr schier unerschöpfliches Witzereservoire. Es ist schon wahr, was Sie sagen: Man muß Sie sehen beim Erzählen, Ihr Gesicht gehört einfach dazu zu diesen dummen Sprüchen.

Daß Sie uns vor den abartigen Gewohnheiten des genannten und uns noch nicht aufgefallenen Nachbarn von Nummer 11 gewarnt haben, dafür sind wir Ihnen zu Dank verpflichtet. Muß man doch sein Augenmerk heute verstärkt auf solche Zeitgenossen richten. Die beigelegten Fotos sprechen mehr als Ihre Schilderungen. Das nackte Plastikschwein vor der Haustüre ist eine Obszönität sondergleichen. Die üblichen Sparschweine haben zwar auch einen Schlitz, aber wenigstens auf dem Rücken und nicht an so einer exponierten Stelle wie in diesem Fall zwischen den Beinen. Dieser Herr scheint sehr verdächtige Vorlieben für solche Dinge zu haben, worüber vielleicht noch vertraulich zu reden sein wird, wenn wir uns nächste Woche treffen.

Für heute nur soviel: Ich habe vor ca. 14 Tagen zwei große Stöße alte Zeitschriften vor unserer Haustüre für die Altpapiersammlung abgelegt, darunter einige Folgen einschlägiger Journale mit sehr anspruchsvollen Aktaufnahmen schöner Frauen, absolut keine Pornographie, allerdings auch nicht jugendfrei. Ich habe sie aus rein künstlerischem und fotografischem Interesse käuflich erworben und die überholten Ausgaben nun für den Reißwolf zur Entsorgung gegeben. Um kein Ärgernis zu geben, habe ich die Magazine selbstverständlich zwischen seriöse Zeitungen verpackt, so daß man sie hat nicht sehen können.

Sie werden sich wundern. Am nächsten Morgen, obwohl bei Dunkelheit hinausgelegt, waren die Pakete aufgerissen und nur noch die alten Tageszeitungen vorhanden. Ein triebhafter Voyeur muß darin herumgewühlt und die Objekte seiner Begierde an sich genommen haben. Eine Schweinerei! Wenn ich an Ihre Beschreibung der abstoßenden figürlichen Darstellungen Ihres Nachbarn denke, kann ich mir durchaus vorstellen, wer sich ohne jeden Kunstsinn in schweinischer Absicht an Dingen ergötzt, die unsereinem rein ästhetisches Vergnügen bereiten.

Wir werden darüber bei unserer Zusammenkunft eingehender reden. Ich meine, man müßte solchen Menschen rechtzeitig das Handwerk legen, bevor sie zum öffentlichen Ärgernis, zur Gefahr für unbescholtene Frauen und unschuldige Kinder werden oder gar noch ein Unheil anrichten können.

In Erwartung Ihrer baldigen Antwort verbleibe ich

mit freundlichen Grüßen auch von meiner Frau

Ihr

Wolfgang [illegible]

Jürgen Sprenzinger
Friedenstraße 7a
86179 Augsburg

Herrn
Wolfgang Schlingen
Friedenstraße 9

86179 Augsburg

13. März 1999

Sehr geehrte Familie Schlingen,

es ist zwar nett, daß Sie uns als Gäste sehen wollen, aber wir kommen lieber ganz einfach als Herr und Frau Sprenzinger. Dann brauchen wir uns nicht verstellen.

Allerdings haben wir uns gewundert. Weil Sie uns nämlich für die Zeit zwischen dem 8. und 13. März eingeladen haben. Wir haben daraufhin in unseren Kalender in der Küche geschaut und festgestellt, daß der 8. März schon seit fünf Tagen vorbei ist, und der 13. März ist heute. Jetzt sind wir am Rätseln, wie Sie das gemeint haben. Ich wollte Sie zwar schon anrufen, aber Ihr Telefon ist scheinbar immer noch kaputt.

Das mit den aufgerissenen Zeitungspaketen war der von Hausnummer 11.

Und da haben Sie völlig recht: Wir müssen ihm das Handwerk legen. Sonst verbreitet der Ihre obszönen Magazine, und Sie kriegen dann noch Ärger wegen so einem. Bloß weil der nichts von Kunst versteht und nur seine krankhaften Triebe ausleben will.

Ich steh todsicher hinter Ihnen, das können Sie mir glauben.

Vielleicht können wir für Ihre Einladung nochmal einen Termin ausmachen, möglichst ein Datum, das auch mit meinem Kalender übereinstimmt.

Herzliche Grüße

Ihr Jürgen Sprenzinger

Wolfgang Schlingen
Friedenstraße 9
86179 Augsburg

Herrn
Jürgen Sprenzinger
Friedenstraße 7a

86179 Augsburg

18. März 1999

Liebe Sprenzingers!

Das war wieder einmal eine Superleistung meinerseits, liebe Nachbarn. Weil meine Frau immer dazwischen quatscht, habe ich mich im Datum vertan und Ihnen einen ganz falschen Termin genannt. Wie ich es gemerkt habe, bin ich noch am Abend zu Ihnen rüber, aber da war schon kein Licht mehr, und ich habe gesehen, daß Sie immer früh ins Bett gehen mit Ihrer Frau. Da hab ich nicht mehr läuten wollen.

Jetzt kommen wir gerade von einer Kurzreise zurück und finden Ihren Brief. So was Blödes muß mir passieren. Entschuldigen Sie bitte meine Zerstreutheit. Aber wie gesagt, schuld ist meine Frau mit dem ewigen Gequatsche. Ist denn Ihre auch so?

Jetzt haben wir ausgemacht, ob Sie nicht am Sonntag gleich kommen möchten, da wäre Frühlingsanfang. Das könnten wir zusammen feiern. Bis dahin haben wir unsere Zwergerlfamilie aufgestellt. Meine Frau und ich sind nämlich ausgesprochene Gartenzwerg-Freunde, und jedes Jahr zum Frühjahrsanfang muß die Kolonie stehen. Inzwischen haben wir schon 17 Zipfelmützen, die meisten aus Keramik, einige Neuerscheinungen in Kunststoff vom Baumarkt.

Sie glauben gar nicht, was die kleinen Kerle uns Freude machen. Einer der liebsten ist uns der Rupertus – so haben wir ihn halt getauft – der sitzt auf einem Baumstumpf und hängt seine Angel in den Goldfischteich hinein, daß man meint, er will wirklich einen Fisch fangen. Der Sebaldus hockt im Gras und schmaucht seine Tabakspfeife. Den mögen wir auch, weil er so viel Zufriedenheit und Gemütlichkeit ausstrahlt. Sie werden ja sehen, was wir noch alles haben: einen Schubkarrenfahrer, einen fleißigen Gärtner mit einem Rechen und einen, der liegt faul im Tulpenbeet und stützt seinen Kopf auf eine Hand. Der einzige, der keine Zipfelmütze hat, ist der Jäger Hubertus. Der hat einen grünen Hut auf. Den stellen wir immer vor ein kleines braunes Bambi unter dem Zwergtännchen.

Solche Figuren, kann ich Ihnen sagen, machen mehr Freude als die Schweinereien des Herrn H. in unserer Nachbarschaft! Bloß eines muß ich Ihnen sagen, meine Frau und ich machen uns viel Arbeit mit der Zwergenfamilie. Es ist eine Mordsgaudi, bis die alle ausgepackt, abgestaubt, nachpoliert und am rechten Platz aufgestellt sind. Im Herbst dann müssen sie wieder gereinigt, verpackt und im Keller verstaut werden. Die sind ja wahnsinnig zerbrechlich und empfindlich. Zum Glück wollen unsere Kinder vorerst nix wissen davon, sonst hätten wir mehr Zwergenbrüche als Freude. Wir zeigen Ihnen am Sonntag auch Bilder von unserem früheren Garten. Da haben wir alle in einem Steingarten unterbringen können, und wir haben sogar für die Bergleute unter den Wichtelmännern einen richtigen Stollen gebaut.

Damals sind die Leute vor unserem Vorgarten stehen geblieben und haben das Zwergenreich bewundert. Wir haben uns auch dieses Jahr viel Mühe gegeben, den drolligen Gesellen über den Sommer wieder ein schönes Zuhause herzurichten, wo sie sich wohlfühlen können. Man investiert ja auch viel Geld in so ein Steckenpferd. Wenn wir Ihnen erzählen, was da Kapital dahintersteckt, werden Ihnen die Augen übergehen. Ein Zwerg kommt im Durchschnitt auf mindestens 24,80 Mark, Sonderzubehör wie Schubkarren, Angelgerät und andere Gerätschaften noch gar nicht gerechnet. Dazu der laufende Unterhalt geht auch in die Kosten, weil doch immer wieder einmal ein Beinkleid oder eine rote Zipfelkappe nachgestrichen werden müssen oder eine Hand angeklebt werden muß, wenn der Wind einen Wichtel umgeweht und beschädigt hat.

Ich hab schon zu meiner Frau gesagt, zum Glück gibt es keine Zwergenfrauen für den Garten. Und damit auch keinen Nachwuchs im Zwergenreich. Sonst müßten wir nämlich ein größeres Grundstück haben, um die ganze Sippschaft unterzubringen.

Wir freuen uns auf Ihren Besuch und hoffen, daß es diesmal klappt.

Ihr

Wolfgang [illegible]

Jürgen Sprenzinger
Friedenstraße 7a
86179 Augsburg

Herrn
Wolfgang Schlingen
Friedenstraße 9

86179 Augsburg

24. März 1999

Liebe Schlingens!

Leider hat es bei uns nicht geklappt. Am Frühlingsanfang fahren wir immer zu meiner Cousine. Wie wäre es mit übermorgen abend? Wenn wir nichts von Ihnen hören, nehmen wir an, das geht in Ordnung.

Ich habe gar nicht gewußt, daß Sie ein Gartenzwerg-Fan sind. Das macht auch gar nichts. Das ist wesentlich besser als nackerte Plastik-Säue mit dem Schlitz an der falschen Stelle. Und Ihre Gartenzwerge sind wenigstens angezogen, nehm ich an.

Irgendwie haben Sie mich mit Ihrem Brief verängstigt. In der Nacht darauf hatte ich nämlich einen entsetzlichen Albtraum. Ich hab geträumt, daß sich Ihre Gartenzwerge so kolossal vermehrt haben, daß ich überall nur Gartenzwerge gesehen hab.

Ich war im Traum beim Einkaufen im Supermarkt. Und was steht vor mir an der Kasse? Ein Gartenzwerg! Ich wollte dann mit der

Straßenbahn nach Hause fahren, steige in die Straßenbahn, und Sie glauben es nicht: da sitzen lauter Gartenzwerge drin! Keiner steht auf und macht mir einen Platz frei. Da wollte ich mich beim Fahrer beschweren. Wie ich aber genau hinschau, da seh ich, daß der Fahrer ja auch ein Gartenzwerg ist! Es war das nackte Grauen, sag ich Ihnen. Überall, wo ich auch hingeschaut hab, waren nur noch Gartenzwerge! Als ich dann nach Hause gekommen bin, kam mir schwanzwedelnd mein Hund entgegen – mit einer roten Zipfelmütze auf dem Kopf!

Schweißgebadet bin ich aufgewacht. Aber stellen Sie sich vor, das wäre nicht nur ein Traum gewesen, sondern es wäre wirklich so! Im Bundestag täten lauter Gartenzwerge sitzen! Der deutsche Bundeskanzler ein Gartenzwerg mit roter Zipfelmütze – nicht auszudenken, sowas! Außenminister Joschka Fischer ein Gartenzwerg, Bundestagspräsident Thierse als Gartenzwerg mit weißem Rauschebart, Umweltminister Trittin als Gartenzwerg schiebt vor dem neuen Reichstag einen Schubkarren durchs Tulpenbeet – ich will dieses Horrorszenarium gar nicht weiterspinnen. Es wäre das Ende des deutschen Volkes – die Gartenzwerge würden uns nie mehr hochkommen lassen, da bin ich sicher.

Aber Gott sei Dank war's ja nur ein Traum.

Also bis übermorgen

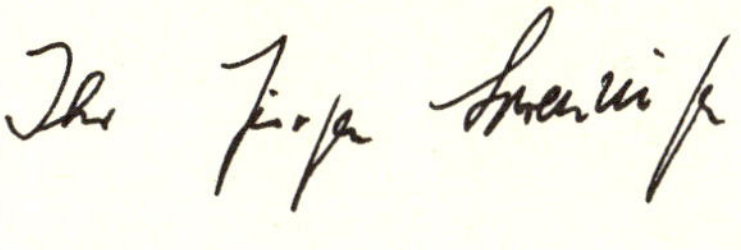

Wolfgang Schlingen
Friedenstraße 9
86179 Augsburg

Familie
Jürgen Sprenzinger
Friedenstraße 7a

86179 Augsburg

29. März 1999

Lieber Jürgen, liebe Bärbel,

ich hab heut früh schon kurz vorbeischauen wollen bei Euch, wie es geht nach der Zecherei, aber Ihr habt entweder nicht aufgemacht oder wart schon außer Haus. Renate hat gesagt, schau bitte gleich nach den Sprenzingers, die haben nämlich dem Alkohol ordentlich zugesprochen. Sie tut es sonst ja eigentlich nie, aber gestern hat sie die Flaschen nachgezählt, die wir niedergemacht haben. Acht Rote und eine Schampus haben wir in den Glascontainer geworfen. Ihr wart gut drauf gestern abend, das muß ich schon sagen. Aber auch wir haben den Abend mit Euch genossen und freuen uns, daß wir jetzt per Du sind.

Wie gesagt, ich hoffe, daß Ihr alles gut überstanden habt. Mensch Jürgen, Du hast wieder einmal groß aufgesprochen. So wie wir das von Dir immer gewöhnt sind. Sogar unser Bene hat beim Frühstück gesagt: „Der Sprenzinger, der alte Glatzkopf, ist schwer in Ordnung. Supergeile Witze hat der drauf!" Wenn der Bene sowas sagt, ist das schon was besonderes, weil der aus der Schule auch gelegentlich heiße Witze mitbringt. In der Hinsicht ist unser Bene außerordentlich talentiert. Das hat er vermutlich von einem Onkel mütterlicherseits. Den haben sie schon einmal von einer Festzeltbühne heruntergeholt, weil er angeblich Zoten oder wie man das heißt über das weibliche Geschlecht heruntergerissen hat. Du hast da ja auch schon Deine Schwierigkeiten gehabt und kennst solche Miesmacher.

Eigentlich bin ich ja in anderer Sache vorbeigekommen, um Euch aufmerksam zu machen. Leider hat heute nacht Euer Hund von unseren Gartenzwergen einen umgewedelt. Und ausgerechnet unseren Rupertus, unseren Lieblingszwerg, hat es erwischt. Er ist am Morgen ohne Angel im Fischteich gelegen, und der Zipfel von seiner Zwergenmütze ist auch abgebrochen. Er ist buchstäblich den Ertrinkungstod gestorben, der arme Kerl. Ein Sturm ist nicht gegangen, also muß es der Hund gewesen sein. Ich weiß schon, Ihr seid beide angetrunken gewesen, und das merkt so ein Tier auch, wenn es folgen soll. Ihr solltet ihn halt in solchen Fällen an die Leine nehmen. Darum wollte ich Euch in aller Freundschaft bitten. Immerhin kostet ein neuer Rupertus sitzend mit Angel und Zipfelmütze lustig an die 25 Mark und das finden wir wieder gar nicht lustig.

Lieber Jürgen, laß uns darüber noch in Ruhe sprechen. Aber, wie gesagt, paßt etwas mehr auf Euern Hund auf, den wir ja sonst recht gern mögen. Aber so ein Vieh muß halt wissen, wo seine Grenzen sind, und darf keine Schäden und Auslagen verursachen. Das werdet Ihr doch hoffentlich verstehen.

In diesem Sinne

Wolfgang

Jürgen Sprenzinger
Friedenstraße 7a
86179 Augsburg

Herrn
Wolfgang Schlingen
Friedenstraße 9

86179 Augsburg

2. April 1999

Lieber Wolfgang!

Da hast Du schon recht, gestern abend war es noch lustig, und ich hab auch gar nichts dagegen, daß mich Dein Sohn als alten Glatzkopf bezeichnet. Da hat er ja nicht so unrecht. Ich hätt auch gar nichts dagegen, wenn Du meine Alte als dumme Kuh bezeichnen tätest, da tät ich Dir wahrscheinlich sogar noch recht geben. Aber daß Du meinen Hund ein Vieh nennst und ihm unterstellst, er hätt Deinen Gartenzwerg umgehauen, das können wir, mein Hund und ich, nicht auf uns sitzen lassen. Ich hab nämlich genau gesehen, daß Dein Bene so besoffen war, daß er wie ein Blinder gegen den Gartenzwerg gelaufen ist. Und jetzt schiebt er es auf meinen Hund, der sich nicht verteidigen kann. Nur weil er Angst hat, Du könntest ihm vielleicht eine runterhauen, was er schon lang verdient hätt, der ungezogene Bengel.

Mein Hund tät gar nie einen Gartenzwerg umschmeißen! Des weitern ist mein Hund kein Vieh, sondern ein gut erzogenes Tier, das fast schon einen menschenähnlichen Charakter hat. Und viel mehr Verstand als alle Deine Gartenzwerge miteinander. Ich bezeichne Deine Gartenzwerge ja auch nicht als stumpfe Plastikfiguren, das tät mir niemals einfallen, Dich so zu beleidigen. Außerdem kostet mein Hund mehr als 25 Mark wie Dein angelnder Rupertus, der sowieso bloß dasteht und nie einen Fisch fangen wird, weil er nur eine Attrappe ist und nicht mal merkt, wenn er was am Haken hat.

Im übrigen kannst Du die 25 Mark ja von dem Betrag abziehen, den ich Dir geliehen hab, damals, als Du im Urlaub warst. Und meinetwegen kauf Dir von dem Geld auch noch gleich einen Ersatz-Rupertus, falls Dein lieber Herr Sohn wieder einmal vom Alkohol geblendet ist und blind über einen Gartenzwerg herfällt.

Du weißt, ich bin ein saugutmütiger Mensch und von mir kann jeder alles haben, sogar mein letztes Hemd, auch meine letzte Unterhose, aber nenn meinen Hund nie mehr ein Vieh, sonst bricht der dritte Weltkrieg aus.

Das sage ich Dir in aller Freundschaft, weil ich nicht mit Dir streiten will und schon gar nicht wegen so einem saublöden Gartenzwerg.

In diesem Sinne

Dein Jürgen

Wolfgang Schlingen
Friedenstraße 9
86179 Augsburg

Herrn
Jürgen Sprenzinger
Friedenstraße 7a

Augsburg

4. April 1999

Lieber Jürgen,

entschuldige bitte, wenn ich es Dir heute direkt sozusagen ins Gesicht sage: Du kannst, so nett Du sonst bist, ganz schön unverschämt sein. Kaum duzen wir uns, läßt Du die Maske fallen und zeigst Dein wahres Gesicht. Man wird sich doch noch rühren können, wenn Dein Hund etwas vom Liebsten, das man hat, mutwillig zerstört. Da brauchst Du nicht gleich beleidigend und ausfällig werden! Die von gegenüber haben schon immer gesagt und uns darauf aufmerksam gemacht, daß Euer Viech ungezogen ist und daß Du sehr unangenehm werden kannst. Aber den Streit kannst Du haben, wenn Du ihn willst.

Unser Bene hat, solange er hat dabei sein dürfen, höchstens drei halbe Bier getrunken. Aber meine Frau hat schon gesehen, daß Du ihm heimlich immer wieder ein Stamperl Schnaps in den Krug geschüttet hast. Das ist auch nicht die feine Art. Kein Wunder, wenn der Bub, der ja noch nicht alkoholgewohnt ist, dann sich übergeben muß und keine Erinnerung mehr hat. Aber von wegen den Rupertus umhauen! Das tät mein Bene nie, weil er weiß, wie wichtig uns die Zwerge sind. Nur weil Du nicht Herr über Deinen Hund bist, brauchst Du uns nicht unverschämt kommen.

Unser Kater, von dem Deine Frau selber schon gesagt hat, daß es eines der liebsten Tiere ist, das sie kennt, geht dem Köter auch schon aus dem Weg, weil er ihm ständig nachstellt. Unser Pascha ist völlig verstört und ganz anders geworden, seit ihr hier wohnt. So kann es ja auch nicht weitergehen. Wenn Du das nicht einsiehst, können wir auf eine solche Nachbarschaft pfeifen.

Du solltest Dir es noch einmal überlegen und dann sollten wir uns bei einer Flasche vom Guten offen aussprechen, wie es sich unter Freunden gehört, oder?

In Erwartung Deiner Antwort

Dein Wolfgang

Jürgen Sprenzinger
Friedenstraße 7a
86179 Augsburg

Herrn
Wolfgang Schlingen
Friedenstraße 9

86179 Augsburg

6. April 1999

Lieber Wolfgang!

Ich will mich nicht mit Dir streiten wegen so einem blöden Gartenzwerg, den mein Hund nicht kaputtgemacht hat, sondern dessen Zerstörung einzig und allein Deinem Bene anzulasten ist. Ich bin nicht unverschämt und ausfällig geworden, sondern Du! Dann kauf Dir halt einen neuen Gartenzwerg, der ist doch leicht zu ersetzen! Du tust ja grad so, als wär der Rupertus ein Kind von Dir, das Du unter Schmerzen geboren hast! Derweil ist es doch nur ein Plastik-Gartenzwerg für 24,50 vom Karstadt. Und Du sprichst vom Liebsten, was Du hast? Du stellst Deine Gartenzwerge über Deine eigene Familie. Das ist krank, Mann, total krank!

Dein Bene hat nicht nur drei halbe Bier getrunken, sondern gesoffen wie ein Schwein. Er hat nämlich noch mindestens sieben Kirschgeist inhaliert. Das hast Du bloß selber nicht gemerkt, weil Du selber besoffen warst wie eine Haubitze. Und Deine Alte, das kannst Du ihr ruhig sagen, muß einen Knick in der Optik haben, daß sie nicht gesehen hat, wie Euer sauberer Hundsbengel sich den Schnaps ins Bier geschüttet hat.

Was Deine Katze betrifft: Die ist genauso verkorkst wie Deine Kinder. Und Deine Flasche Wein kannst Du künftig alleine saufen, damit Du's nur weißt.

Gruß

Dein Jürgen

Wolfgang Schlingen
Friedenstraße 9
86179 Augsburg

An
Jürgen Sprenzinger
Friedenstraße 7a

86179 Augsburg

9. April 1999

Hey Jürgen,

auch nach Deinem aggressiven und bösartigen Brief vom 6. ds. bist Du mir noch eine persönliche Anrede wert. Mir fällt aber schon lange auf, daß Du mich nur immer bei meinem vollen Vornamen Wolfgang genannt hast, obwohl ich Dir angeboten habe, „Wolfi" zu mir zu sagen wie meine Frau und alle guten Freunde. Ich brauch auch meine Frau von Dir nicht „Alte" heißen lassen. Die hat es geahnt, was Du für einer bist. Sie hat mir schon im Februar gesagt, sei vorsichtig mit dem Sprenzinger, das ist ein ganz ein verdruckter Hund.

Meine Frau sagt sowas nicht umsonst. Die hat eine enorme Menschenkenntnis. Wie sie noch im Verkauf gearbeitet hat, hat ihr Chef schon gesagt: „Frau Schlingen, Sie sind eine Verkaufskanone. Mit Ihrer Physiognomie (da hat er das Gesicht gemeint) bringen Sie alles an den Mann." Damals hat meine Frau einem Sportfischer, der ein paar Angelhaken hat kaufen wollen, ein elektronisches Wurmsuchgerät und ein Ruderboot aufgeschwätzt. Und ein Mann, der eine Badehose gekauft hat, ist mit Ohrenschützern und Fäustlingen nach Rimini gefahren.

Ich erzähle das nur, damit Du weißt, mit wem Du es zu tun hast in punkto Menschenkenntnis. Noch einmal, wenn Du meine Frau „Alte" nennst, bezeichne ich die Deine als Schlampe. Die hat doch ihren Haushalt nicht im Griff, wenn sie jede Woche klingelt und was anderes ausleihen muß, was sie zum Kaufen vergessen hat. Wir kriegen inzwischen schon an die zehn Eier, zwei Päckchen Backpulver, eine Milch und zwei ungespritzte Zitronen. Bisher waren wir zu fein, um zu mahnen. Aber wenn Du mir schon vorhältst, daß ich Dir noch Geld schulde, dann können wir gerne aufrechnen.

Ich hab den beschädigten Rupertus in der Zwergenklinik gehabt, wo sie ihm den Zipfel angeklebt und nachpoliert sowie eine Reihe anderer Blessuren gerichtet haben. Ein vollwertiger Gartenzwerg, haben sie gesagt, wird der Rupertus aber nicht mehr. Er ist einfach lädiert. Und als Mensch würde so einer einen Schwerbeschädigtenausweis kriegen und als Behinderter eingestuft. 17,80 Mark haben sie genommen für die Reparatur. Zusammen mit den ausgeliehenen Lebensmitteln und ein bißchen Schmerzensgeld wird nicht mehr viel fehlen zu dem Betrag, den Du mir im Februar ausgelegt hast.

Vorsichtshalber habe ich meinen Kindern den Umgang mit Eurem Hund untersagt, obwohl das Vieh ja nicht den geringsten Charakter hat. Es bettelt trotzdem wie immer jeden Tag vor der Haustüre und wedelt dabei so gefährlich mit dem Schwanz, daß wir nach den Zwergen jetzt auch die schönen Keramiktöpfe wegräumen mußten. Könnt Ihr das Tier denn wirklich nicht ausreichend füttern, daß es in seinem Hunger nicht der ganzen Nachbarschaft zur Last fällt?

Trotzdem, Jürgen, ich hoffe noch immer auf einen freundschaftlichen Umgang unter Nachbarn und würde die Angelegenheiten, die zwischen uns stehen, jederzeit gerne mit Dir persönlich besprechen, bitte aber nachdrücklich, Deine Frau aus dem Spiel zu lassen.

Dein

Wolfgang

Jürgen Sprenzinger
Friedenstraße 7a
86179 Augsburg

Herrn
Wolfgang Schlingen
Friedenstraße 9

86179 Augsburg

13. April 1999

Wolfgang!

Daß Deine Alte mich einen verdruckten Hund nennt, ist eine Unverschämtheit, wie sie im Buch steht. Und damit Du es nur weißt: Du bist kein Wolfi, sondern höchstens ein Wolf – und zwar einer im Schafspelz. Du stinkst mir bis zum Hals, weil Du ein kleinkarierter Gartenzwerg-Spießer bist.

Mit der Menschenkenntnis von Deiner Frau brauchst Du gar nicht so anzugeben, denn das ist keine Menschenkenntnis, wenn man einem Sportfischer was aufschwätzt. Das ist bestenfalls eine Unverschämtheit. Wenn ich der Sportfischer gewesen wär, hätt ich das elektronische Wurmsuchgerät genommen und es Deiner Alten irgendwo hingesteckt. Und das Ruderboot auch.

Im übrigen werde ich Dich von jetzt sofort an nicht mehr duzen, sondern wieder Siezen.

Auch ich war bisher zu fein, um den mir fehlenden Betrag anzumahnen. Da Sie aber eine Aufrechnung wünschen, bitte sehr, bitte sehr:

Ausgelegt hab ich Ihnen genau 185 Mark und 60 Pfennig. Meine Frau hat sich von Ihnen ausgeliehen:

3 Packerl Zucker à 1 kg à 2,40	7,20 DM
10 Eier (Klasse IV)	2,86 DM
2 Päckchen Backpulver à 1,20	2,40 DM
1 Liter Milch	-,89 DM
2 Zitronen à 60 Pfennig	1,20 DM
Summa summarum:	14,55 DM

Zugrunde gelegt haben wir die Preise vom Aldi, weil woanders kaufen Sie sowieso nicht ein, weil Sie sich das gar nicht leisten können, das ist ja in der gesamten Nachbarschaft bekannt.

Somit verbleibt eine zu schuldende Restsumme von 185,60 abzüglich 14,55 – das macht genau 171,05 Mark. Und die hätte ich gerne sofort wieder, weil wir die unbedingt brauchen, sonst können wir nämlich die Miete nicht bezahlen. Sollten Sie das Geld nicht bis spätestens morgen früh 8 Uhr 30 in den Briefkasten geworfen haben, dann schicke ich Ihnen umgehend den Gerichtsvollzieher auf den Hals. Und ich werde dann dafür sorgen, daß Ihnen umgehend sämtliche Gartenzwerge gepfändet werden. Ihren Rupertus können Sie behalten. Der Gerichtsvollzieher ist vermutlich nicht scharf auf Invaliden.

Für die Reparatur Ihres Rupertuses fühle ich mich nicht zuständig.

Mein Hund hat Anweisung, nicht mehr bei Ihnen zu betteln. Es ist auch zu seinem persönlichen Vorteil. Immer wenn er bei Ihnen gebettelt hat, hat er anschließend ins Körbchen gekotzt.

Hochachtungsvoll

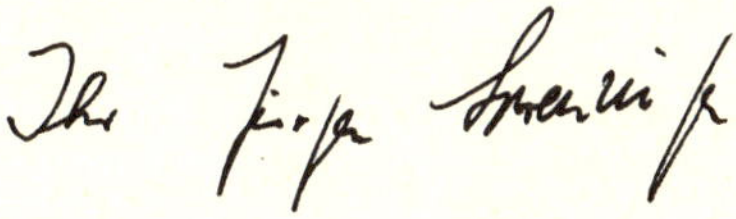

Wolfgang Schlingen
Friedenstraße 9
86179 Augsburg

Familie
Jürgen Sprenzinger
Friedenstraße 7a

86179 Augsburg

Ende April 1999

Betr.: Ihr Schreiben vom 13.4.99

So schnell können Nachbarschaften also zu gehässigen Feindschaften werden! Echte Freunde sind Sie beide sowieso nie gewesen. Vom ersten Tag an nicht. Aber wir sind halt auf Sie hereingefallen. Schade um die Zeit, die wir mit Ihnen, Ihren Zwei- und Eindeutigkeiten verplempert haben. Und schade um jede Flasche Bier und Wein, die Sie uns weggetrunken haben, besser gesagt weggesoffen haben. Denn Maß und Ziel haben Sie nie gekannt und Disziplin erst recht nicht.

Ich erinnere bloß an unsere gemeinsamen Abende in unserer Wohnung, wo Sie sich nicht geschämt haben, mit Ihren Zoten meine Frau anzumachen und ihr die Schamröte ins Gesicht zu treiben. Ich hätte Ihnen damals schon eine runterhauen sollen, wie Sie Ihre Schmutzhände um den Hals meiner Frau gelegt und so getan haben, daß es eine besondere Freundschaftsbezeugung sein soll. Heute wissen wir, was Sie im Schilde geführt haben. Sie sind ein Schmutzfink, dem das Handwerk gelegt gehört.

Ihr obiges Schreiben schlägt dem Faß den Boden aus. Wissen Sie was? Sie sind ein Lackl auch noch, ein ungebildeter und hundsgemeiner Lackl, sonst nichts! Eine Kinderstube haben Sie nie genossen und eine Erziehung schon gar nicht. Dumm geboren und nix dazu gelernt, sagt man dazu. Und wo Dummheit ihre Blüten treibt, gedeiht auch die Frechheit prächtig. Sie sind ein lebendiges und abschreckendes Beispiel zugleich für diese alte Volksweisheit.

Übrigens: Leider haben wir Ihnen die lumpigen 185,60 DM, die Sie so scheinheilig freundlich für uns ausgelegt haben, bis heute nicht überweisen können, weil Sie bei der Sparkasse gar kein Konto haben und das bei der Raiffeisenbank schon seit Monaten gesperrt ist. Ich habe Ihnen, wie Sie sicher gemerkt haben, bis 14. April 8.30 Uhr einen Dreck in den Briefkasten geworfen. Ich lasse mich doch nicht erpressen von Ihnen.

Ihren Hund sollten Sie nicht nur vom Betteln an fremden Haustüren abhalten, sondern ihn auch daran hindern, daß er jede zweite Nacht seine Notdurft in unserem Vorgarten verrichtet, sonst werde ich es ihm abgewöhnen.

Sie werden von uns hören!

Ihr

Wolfgang Schlingen

Jürgen Sprenzinger
Friedenstraße 7a
86179 Augsburg

Herrn
Wolfgang Schlingen
Friedenstraße 9

86179 Augsburg

2. Mai 1999

Ihr hintervotziges Schreiben vom 30. April 99

Sie haben uns am 30. April wieder mit einem Schreiben belästigt. Eigentlich sollte Ihnen klar sein, daß wir keinen Verkehr mit Ihnen wollen, nicht mal einen Briefverkehr. Und das, was Sie da schreiben, ist nur Lug und Trug. Eine Unterstellung jagt die andere.

Erstens haben sich unsere gemeinsamen Abende in Ihrer Wohnung in Grenzen gehalten, weil wir uns gar nie so gern in Ihrer altmodischen, verstaubten Bude aufgehalten haben. Ihr Bier war meistens sowieso nur ein Sonderangebot von der Firma Aldi, und auch Ihr fusliger Wein ist nur dritte Wahl. Wie Sie halt auch.

Zweitens habe nicht ich Ihre Frau angemacht, sondern Ihre Frau hat mich angemacht. Zudem hat Ihre Frau viel mehr schmutzige Witze auf Lager als ich, und die hat sie mir alle erzählt. Ich kenne nur vier Witze, die ich immer wieder erzähle. Doch für Sie mit Ihrem Alzheimer ist jeder alte Witz wieder neu.

Sie haben das alles bloß nicht mitgekriegt, weil Sie selber schon so besoffen waren. Tatsächlich war es nämlich so, daß mir Ihre Frau mit der nackten Hand das Hemd aufgeknöpft hat und dann unsittlich mit der nackten Hand meine nackte Brust berührt hat. Das brauche ich mir nicht gefallen lassen und sehe das als sittliche Belästigung. Daß ich ihr darauf hin die Hände um den Hals gelegt habe, war eine reine Abwehrreaktion, anders hätt ich mich überhaupts nicht mehr wehren können. Nicht ich bin ein Schmutzfink, sondern Sie sind Schmutzfinken, Ihre Frau macht fremde Männer an und entkleidet selbige völlig unmotiviert. Das habe ich am eigenen Leibe erfahren müssen, und es war mir mehr als peinlich. Ihre Alte hat nur Glück, daß ich nichts von ihr will. Nicht mal ein Wurmsuchgerät.

Sie haben geschrieben, daß ich ein Lackl bin. Ein ungebildeter noch dazu. Und hundsgemein. Aber auf der andern Seite sieht es mit Ihrer Kinderstube auch nicht viel besser aus. Sie sind ein Ausnutzer! Ich habe im Urlaub mit größter Mühe und Sorgfalt auf Ihren psychisch gestörten Kater aufgepaßt und hab ihn auch noch nach Strich und Faden verwöhnt, dieses Sauviech, dieses widerwärtige. Dann habe ich Ihnen noch Geld geliehen, das Sie mir bis zum heutigen Tage nicht zurückgezahlt haben. Das werde ich übrigens nächste Woche meinem Anwalt übergeben, damit Sie das nur wissen, Sie Schlawiner! Hier sieht man es mal wieder: Undank ist der Lohn der Welt!

Ich hab niemals behauptet, daß ich ein Konto bei der Stadtsparkasse hab, und mein Konto auf der Raiffeisenbank kann gar nicht gesperrt sein, weil ich da auch kein Konto hab. Ich hab mein Konto bei der Hafner-Bank und das hab ich Ihnen auch schon mindestens sechsmal mitgeteilt – und auch die passende Kontonummer. Aber weil Sie anscheinend ein Hirn wie ein Teesieb haben, haben Sie das sechsmal wieder vergessen. Oder vergessen wollen, weil ich schön langsam den

Eindruck hab, über Ihnen schwebt nicht nur der Pleitegeier, sondern Ihnen brennt der Hut und zwar an allen vier Ecken. Sie müssen den Betrag außerdem überhaupt nicht überweisen, sondern die paar Mark können Sie mir ja in den Briefkasten werfen. Großkotzig in Urlaub fahren, aber Schulden machen – das kennt man ja!

Dazu kommt, daß Sie behaupten, mein Hund verrichte seine Notdurft in Ihrem Vorgarten. Erstens geht mein Hund nie an Ihren Vorgarten, denn bereits der Geruch Ihres Vorgartens ist für meinen Hund eine Zumutung. Zweitens: Jedesmal, wenn er an Ihrem Vorgarten vorbei gehen muß, dann verdreht er die Augen beim Anblick Ihrer kitschigen Gartenzwerge. Auf alle Fälle warne ich Sie: wenn Sie meinem Hund auch nur ein Haar krümmen, dann kastriere ich Ihren Kater, aber so, daß Sie ihn zukünftig als Eunuchen verwenden können, das sag ich Ihnen!

Und im übrigen mache ich Sie darauf aufmerksam, daß Ihr Gartenschlauch kaputt ist und so saudumm im Garten herumliegt, daß es ständig über meinen Zaun spritzt. Ihr Schlauch hat ein Loch, falls Sie das selber noch nicht gespannt haben. Sie sollten sich, anstatt einen idiotischen Gartenzwerg reparieren zu lassen, einen neuen Gartenschlauch kaufen, damit man vor Ihren Ergüssen verschont bleibt.

Zudem spritzt Ihr Bene immer absichtlich zu uns in den Garten herüber mit besagtem Schlauche. Sollte ich ihn noch einmal dabei erwischen, dann spritze ich brutal zurück!

Mit verachtungsvollen Grüßen

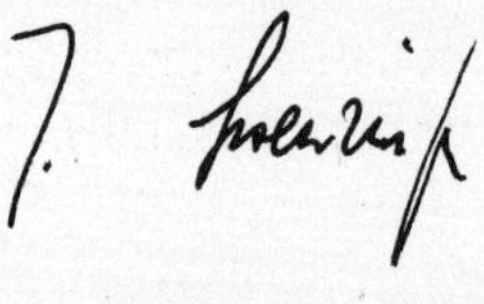

Wolfgang Schlingen
Friedenstraße 9
86179 Augsburg

Jürgen Sprenzinger
Friedenstraße 7a

86179 Augsburg

Augsburg, 13. Mai 1999

Zunächst eine Klarstellung: Unterzeichneter behält sich wegen Ihres Schreibens vom 2. Mai 99 eine Unterlassungsklage wegen grober Beleidigung und verleumderischen Behauptungen vor.

Dieses Schreiben ist keine Antwort auf oben erwähntes.

Bezüglich des Gartenschlauches ist folgendes festzustellen: Es handelt sich um eine automatische Bewässerungsanlage für den Gemüsegarten Friedenstraße, Hausnummer 9, die keinerlei Genehmigung bedarf. Zur Vermeidung einer technisch aufwendigen Lösung wurde ein gebrauchsüblicher Gartenschlauch mittels Stichel in eine provisorisch vom TÜV zugelassene Sprinkleranlage umgewandelt. Ihr Abbau wird abgelehnt und ihre weitere Verwendung notfalls unter Beantragung einer einstweiligen Verfügung gerichtlich durchgesetzt.

Außerdem mache ich nachdrücklich darauf aufmerksam, daß die ohne Erlaubnis des Angrenzers, in diesem Falle meiner Person, über die Grundstücksgrenze hängenden Äste einer auf dem Grundstück Friedenstraße 7a stehenden Birke ohne jede weitere Aufforderung binnen Wochenfrist so zu entfernen sind, daß keinerlei Beeinträchtigung des auf dem Nachbargrundstück betriebenen Gemüseanbaus erfolgt.

Überbringer dieser schriftlichen Forderung läßt sich den Empfang Ihrerseits bestätigen.

gez.:

Jürgen Sprenzinger
Friedenstraße 7a
86179 Augsburg

Herrn
Wolfgang Schlingen
Friedenstraße 9

86179 Augsburg

15. Mai 1999

Gestern war Ihr Sohn Bene da und hat mir Ihr Schreiben vom 13. Mai übergeben, mit der Bitte um Bestätigung über den Empfang. Ich habe den Empfang nicht bestätigt, weil ich ohne meine Frau nix unterschreibe. Damit Sie das nur wissen.

Außerdem bitte ich Sie, mich zukünftig auch von Ihrem mißratenen Ableger zu verschonen. Der sollte sich in der Apotheke als Brechmittel anstellen lassen.

Ein kaputter Gartenschlauch stellt nach der aktuellen Gesetzeslage keine zugelassene Sprinkleranlage dar und wird vom TÜV auch nicht genehmigt. Erzählen Sie mir doch nicht dauernd was vom Pferd! Von mir aus brauchen Sie auch keinen TÜV nicht und auch keine Genehmigung, solange dieser besagte Gartenschlauch nicht zu mir in meinen Garten herüberspritzt. Bei sich im Garten können Sie meinetwegen so lange spritzen, bis es eine Sintflut gibt und Sie alle ersaufen. Es wäre eine Erleichterung für die gesamte Menschheit und folglich auch für mich.

Und damit Sie im Bilde sind: Meine Birke bleibt so, wie sie ist. Wir lassen uns von Ihnen überhaupts keine Fristen setzen, weil Sie nämlich nur der Wolfgang Schlingen sind und nicht der liebe Gott persönlich. Bis jetzt hat Sie meine Birke nicht gestört. Aber seit einiger Zeit suchen Sie jeden fadenscheinigen Anlaß, nur um mich zu schikanieren. Bloß weil meine Birke ein paar Ästchen über Ihre geweihte Erde hängt!

Ich kann Ihnen nur eines sagen: Treiben Sie es nicht auf die Spitze, werter Herr! Wie ich Ihnen schon erzählt habe, kann ich Kung Fu, und ich werde Sie ungespitzt in den Boden hauen, wenn Sie so weitermachen!

Das ist keine Drohung nicht, sondern nur eine Andeutung.

Außerdem bitte ich Sie, Ihre häßlichen Nacktschnecken bei sich im Garten zu behalten. Ich habe nachts beobachtet, daß Sie mit der Taschenlampe die Schnecken von Ihren Salatpflanzen abklauben und über die Hecke zu mir in den Garten werfen bzw. zu mir herüberjagen, wo selbige dann ihren schädlichen Fraß fortsetzen. Scheinbar haben Sie noch nicht mitgekriegt, daß es so humane Mittel wie Schneckenkorn gibt, die diese Tiere schmerzlos beseitigen.

Sollte dieses schändliche Treiben kein Ende nicht finden, dann siedle ich in Ihrem Garten eine Kartoffelkäferfamilie an.

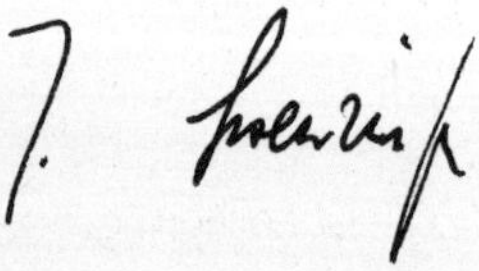

gez. Jürgen Sprenzinger

Wolfgang Schlingen
Friedenstraße 9
86179 Augsburg

Jürgen Sprenzinger
Friedenstraße 7a

86179 Augsburg

23. Mai 1999

Betr.: Verdacht der Tierquälerei und unterirdische Grundstücksverletzung

Die Schneckenfrage, die Sie geglaubt haben anschneiden zu müssen, verhält sich genau umgekehrt wie in Ihrer Schilderung. Nicht von meinen Gemüsebeeten aus gelangen die Nackttiere zu Ihnen hinüber, sondern unter Ihren Bodendeckern haben sie ihren Standort, von wo aus sie in einer wahren nächtlichen Invasionsbewegung auf mein Grundstück einfallen. Notfalls läßt sich das in einem gartenexpertlichen Gutachten leicht nachweisen. Und zwar an den morgendlichen Schleimspuren, die unzweifelhaft in Ihren Garten führen und nicht umgekehrt. Schnecken sind nämlich nachtaktive Schichtfresser, die beim Morgengrauen zurück auf ihre Standorte kriechen.

Interessanterweise nennen Sie die Verwendung des hochgiftigen Schneckenkorns eine „humane" Art der Schneckenbekämpfung.

Jedermann in der Nachbarschaft weiß aber und kann es bezeugen, daß ausgerechnet Sie der von Ihrem Grundstück ausgehenden Schneckenplage mit der Gartenschere zu Leibe rücken, indem Sie die armen wehrlosen Tiere zerstückeln! Das ist Tierquälerei, Herr Sprenzinger!

Sie wissen sehr genau, daß auf meiner Seite alles unternommen wird, die Tiere durch verantwortungsvolles menschliches und moralisches Eingreifen an der Schadensverursachung zu hindern. In meinem Garten gibt es kein Schneckenkorn, kein Brühwasser und keine Scheren! Ich stelle lediglich sogenannte Bierfallen auf und nehme dabei auch noch Rücksicht auf die entsprechenden Vorlieben der Tiere. Nachdem sie Beck's Export kategorisch gemieden, ja geradezu abgelehnt haben, habe ich in einer Versuchsreihe ausgesprochen bayerische Sorten angeboten, wobei nach dem Andechser Hell auch Erdinger Weißbier sehr begehrt ist, allerdings nur bei den nackten Braunen. Die kleineren Schnecken lehnen Alkohol offenbar grundsätzlich ab.

Ich berichte Ihnen dies lediglich deshalb so ausführlich, um nicht die geringsten Mißverständnisse an meinem Verhalten gegenüber einer wehrlosen Kreatur aufkommen zu lassen. Dieses Schreiben kann ohne weiteres als Beweismittel in eine möglicherweise drohende juristische Auseinandersetzung eingeführt werden, damit Sie es wissen.

Die Prügel von Ästen, die sie verharmlosend „Ästchen" nennen, wird Ihre Birke nicht mehr lange über mein Rosenbeet hängen. Laut Gesetz bin ich sogar berechtigt, sie abzusägen, ohne Sie überhaupt zu benachrichtigen. Anstandshalber glaubte ich jedoch, Sie davon in Kenntnis setzen zu müssen. Ein sehr guter Freund von mir, den Sie leider nie kennenlernen durften, weil es dieser abgelehnt hatte, mit Ihnen zusammenzukommen, steht mir, wie Sie sicher schon gemerkt haben, mit juristischem Rat bei. Der kennt sich da aus, weil er jahrelang als Gerichtsdiener gearbeitet hat und schon Zeuge von Prozessen gegen Gewaltverbrecher und Mörder war, nicht nur in Nachbarschaftsstreitigkeiten.

Birken, hat er mir gesagt – und jedermann mit Bildung weiß das –, sind außerdem Flachwurzler. Das heißt, daß sie wie eine unterirdische Krake in ihrer weiteren Umgebung großes Unheil anrichten. Die Wurzeln von Birken stoßen bis zu 40 Meter weit in fremde Grundstücke vor, heben Terrassenplatten und Wegebefestigungen aus ihren Angeln. Sie haben schon Kanalisationsrohrleitungen gesprengt und sind durch schadhafte Grundmauern bis in den Keller von Häusern vorgedrungen. Lassen Sie sich das gesagt sein, damit Sie nicht behaupten können, daß Sie nicht gewußt haben, was Ihre Birke für eine Katastrophe ist.

Sobald dieser Baum auch nur mit einer Wurzel meine Grundstücksgrenze verletzt und in meinen gepflegten Garten einfällt, schlage ich mit der Axt zu. Auch das ist mein gutes Recht. Für eventuelle Schäden kann ich Sie verantwortlich machen. Darüber hinaus bin ich nicht verpflichtet, das Laub, das dieser Baum im Herbst abwirft und auf meinem Grundstück lagert, zusammenzukehren. Meines Wissens ist auch das Ihre Aufgabe. Gegebenenfalls werden Sie zum Zeitpunkt der Laubverfärbung noch einmal von mir hören.

Jürgen Sprenzinger
Friedenstraße 7a
86179 Augsburg

Herrn
Wolfgang Schlingen
Friedenstraße 9

86179 Augsburg

27. Mai 1999

Unterirdische Grundstücksverletzung und angebliche Schnecken-invasion

1. Ich betone ausdrücklich, daß ich zwar Bodendecker besitze, diese aber in absolut schneckenfreiem Zustand sind. Dieses kann ich jederzeit gerichtlich beeiden. Eine Schneckeninvasion, die angeblich nächtens von meinem Garten in den Ihrigen stattfinden soll, ist somit ausgeschlossen. Ein Freund von mir, der ein studierter Biologe ist, hat mir gesagt, daß man es einer Schneckenschleimspur überhaupts nicht ansehen kann, in welcher Richtung sie von der Schnecke erzeugt oder begangen worden ist. Das ist so, als wollte man anhand einer Eisenbahnschiene bestimmen, in welche Richtung der letzte Zug gefahren ist. Damit Sie's nur wissen, Sie siebengescheiter Mensch!

2. Ich selber habe noch nie eine Schnecke zerschnitten, weil ich mich nämlich gar nicht im Besitz einer Schneckenschere befinde. Ich habe lediglich eine Heckenschere, mit der ich meine Hecke immer

zuschneide. Wenn Sie mir nun unterstellen wollen, ich tät Schnecken zerschneiden, dann weise ich das als zartbesaiteter Mensch weit von mir, denn wie allgemein bekannt ist, kann ich kein Blut sehen und werde in einem solchen Fall sofort ohnmächtig. Ich selbst benutze das genormte deutsche Schneckenkorn nach DIN 495 a, das es überall zu kaufen gibt und von der Bundesregierung ausdrücklich und gesetzlich zur Vernichtung der Schnecken zugelassen ist. Somit können Sie mich ruhig wegen Tierquälerei anzeigen, das ist mir vollkommen wurscht – und der Polizei und dem Staatsanwalt auch.

3. Aber das alles ist nicht mein Problem – Sie haben ja die Schnecken. Denn allein durch die Mitteilung Ihrerseits, Sie täten Bierfallen aufstellen, sind Sie ja bereits geständig und geben zu, daß **Ihr** Garten verschneckt ist. Ich habe es nämlich gar nicht nötig, Bierfallen aufzustellen, denn ich habe selbst keine Schnecken – nur die Ihrigen, die Sie mir bedauerlicherweise nächtens, also zwischen Dunkelheit und Siehstmichnicht, wenn ordentliche Menschen schon lange schlafen, über die Hecke schmeißen. Sie gehen hier brutal nach dem Sprichwort vor: „Im Dunkeln ist gut munkeln" und stellen damit keine Ausnahme zu anderen Verbrechern dar.

Dazu kommt, daß Ihre Schnecken durch das Aufstellen Ihrer schändlichen Schneckenfallen alkoholisiert werden. Sie machen die Schnecken quasi sozusagen zu Alkoholikern und unterstellen mir, daß die selbigen bei mir, in meinem Garten ihren Rausch ausschlafen. Ich sage Ihnen etwas, lieber Herr: Allein diese Tatsache genügt bereits als Beweis, daß die Schnecken nicht von mir sein können, sondern von Ihnen – denn ich habe noch nie gehört, daß besoffene Schnecken den Weg in meinen Garten finden würden – es sei denn, sie werden im Rausch zu Vögeln – oder von Ihnen über die Hecke geworfen.

4. Was meine Birke angeht, so sag ich es Ihnen abermals: Wenn meiner Birke auch nur das Kleinste passieren sollte, dann schneide ich Ihnen auch ein paar Äste ab, und zwar an einer Stelle, die sehr schmerzhaft für Sie ist, das kann ich Ihnen aber singen, verehrter Herr Schlingen!

   Ich bin nicht so gebildet wie Sie, deswegen weiß ich nicht, ob Birken Tief- oder Flachwurzler sind. Im letzteren Fall sollten Sie aber aufpassen, daß Ihnen nicht ein paar Birkenwurzeln ins Hirn hineinwachsen. Und so groß ist diese Birke nun auch wieder nicht, daß selbige Ihr Abwasserrohr sprengen könnt. Wenn Sie schadhafte Grundmauern haben, dann ist das nicht mein Problem und auch nicht das meiner Birke, sondern allein Ihre Angelegenheit. Vielleicht sollte das ein Grund für Sie sein, aus Ihrer alten, überfrachteten Bude auszuziehen. Damit wäre uns allen gedient, und Sie würden der gesamten Menschheit in der Umgebung eine Wohltat erweisen.

5. In letzter Zeit haben meine Frau und ich ein vermehrtes Wespenaufkommen registriert und eindeutig festgestellt, daß deren Flugschneise genau in Ihre Richtung zeigt. Wir bitten Sie, zukünftig Ihre Wespen für sich zu behalten und endlich dafür zu sorgen, daß das Wespennest, das sich scheinbar innerhalb Ihres Dachbodens befindet, beseitigt wird.

6. Ihr Kater „Pascha“ hat es sich in den letzten Wochen zur Gewohnheit gemacht, seine Notdurft in meinen Bodendeckern zu verrichten. Nicht nur, daß die Pflanzen davon geschädigt werden,

sondern auch die Beete sind total verscharrt. Sollte das auch nur einmal noch vorkommen, dann nehme ich den Spaten und verwandle Ihren Kater in eine Flunder.

7. Meine Birke ist ein Flachwurzler, das stimmt. Und Sie sind ein geistiger Flachwurzler.

Wolfgang Schlingen
Friedenstraße 9
86179 Augsburg

Jürgen Sprenzinger
Friedenstraße 7a

86179 Augsburg

2. Juni 1999

Mein lieber Herr Nachbar,

wenn Sie wüßten, wie lächerlich Sie sich machen mit ihren haltlosen psychopathischen Beschuldigungen! Allein die Tatsache, daß Sie sich von gefährlichen Wespengeschwadern bedroht sehen, wirft ein bezeichnendes Licht auf Ihren bemitleidenswerten Gesundheitszustand.

Sie haben schon recht, mein lieber Herr Nachbar: Von den Wespenstationierungs- und -startplätzen auf meinem Grundstück geht ein erhöhtes Gefahrenpotential aus! In meinem Dachboden halte ich Schwärme dieser Biester vor, um sie gegebenenfalls auf die Nachbarschaft an- und in Marsch zu setzen. In einem Materiallager und in einem Giftdepot werden unter meinem Kommando die Angriffswespen mit frisch aufgefüllten Ersatzstacheln nachgerüstet, wenn sie vom Feindflug zurückkehren.

Wahrscheinlich verbreiten Sie solche Märchen auch noch in der

Nachbarschaft, um mich und meine Familie madig zu machen. Sie müssen sich dabei doch selber blöd vorkommen. Aber wenn Sie wollen, werde ich meinen Kampfwespen selbstverständlich das Überfliegen Ihres Grundstückes untersagen und entsprechende Hinweisschilder am Flugloch aufstellen: „Achtung! Das Grundstück Friedenstraße 7a ist ab sofort Flugverbotszone. Unbedingt vorgeschriebene Flughöhe einhalten! Areal ist Notstandsgebiet. Bei Bewohnern kein Zwetschgendatschi oder sonstige Süßigkeiten zu erwarten. Honigglas durch Sauertopf ersetzt!“

Merken Sie denn nicht, daß Sie niemand mehr ernst nimmt, Herr Nachbar?

Andererseits muß ich Ihnen allen Ernstes sagen, daß ich Ihre ständigen Belästigungen und Sticheleien so nicht länger hinnehmen kann. Nach Ihrem eigenen Bekunden versuchen Sie, der von Ihrem Garten ausgehenden Schneckenplage durch das Ausbringen von Schneckenkorn Herr zu werden. Die Tiere schleppen dieses Gift inzwischen bei ihren nächtlichen Streifzügen auf mein Grundstück ein. Unsere Kinder haben ausgerechnet im Salatbeet erste Körner entdeckt und sichergestellt. Sollte das etwa ein Giftanschlag sein? Vorerst frage ich nur, mache aber darauf aufmerksam, daß das Konsequenzen für Sie haben könnte.

Die überhängenden Äste der Birke habe ich zwischenzeitlich abgesägt. Die entlaubten Stücke haben wir über den Zaun zu Ihnen hinüber gelegt. Zur beliebigen Verwendung.

In diesem Sinne

Jürgen Sprenzinger
Friedenstraße 7a
86179 Augsburg

Herrn
Wolfgang Schlingen
Friedenstraße 9

86179 Augsburg

5. Juni 1999

Ich bin nicht Ihr „lieber Herr Nachbar"! Damit Sie das gleich wissen. Und wenn Sie sich wieder bei mir einschmeicheln wollen, um mich und meine Familie weiterhin auszunutzen, dann sind Sie gewaltig auf dem Holzweg! Ich empfinde so eine Anrede aus Ihrem Munde bzw. aus Ihrer Feder oder mit was immer Sie schreiben als unverschämte Profokation!!!

Das mit den Wespen kann ich Ihnen nur nicht beweisen, aber warten Sie's nur ab! Ich habe jetzt nicht nur eine Videokamera aufgestellt, sondern zwei. Eine überwacht die Gartenvorderseite und die andere die Hinterseite desselbigen. Ein infrarotgesteuertes Videoaufzeichnungsgerät schaltet sich sofort ein, wenn Sie auch nur einen Meter an meine Gartengrenze hin kommen. Irgendwann werd ich Sie schon erwischen. Ich hab alle Zeit der Welt, und eines Tages wird sich die Schlinge zuziehen, hochverehrter Herr Schlingen!

Sie behaupten allen Ernstes, daß mich niemand mehr ernst nimmt. Daraufhin habe ich heute morgen, als ich beim Bäcker zwei Marmeladenhörnchen kaufen wollte, die Bäckerin gefragt, ob Sie mich ernst nimmt. „Selbstverständlich!" hat sie gesagt, „was darf es denn sein?"

Ich schreibe Ihnen das nur deshalb, damit Sie sehen, daß ich von den Leuten durchaus ernstgenommen werde und Ihre Aussage diesbezüglich eine Verunglimpfung meiner Person darstellt. Das wird weitreichende Konsequenzen für Sie haben, das kann ich Ihnen versichern!
Die infame Behauptung, meine Schnecken würden das Schneckenkorn in Ihren Garten tragen, weise ich weit von mir. Erstens habe ich keine Schnecken in meinem Garten, sondern lediglich Sie! Dazu kommt, daß ich noch nie gehört hab, daß Schnecken ein Picknick machen. So stellen Sie das nämlich dar. Würde man Ihrer Schilderung glauben, die vermutlich nur Ihrem kranken Hirne entspringt, dann könnte man annehmen, daß ich die Schnecken im Garten habe, selbige nehmen das ausgestreute Schneckenkorn mit – vermutlich haben diese Schnecken Einkaufstaschen, Plastiktüten oder Rucksäcke dabei –, verstauen es in selbigen und kriechen dann in Ihren Garten, um dort in aller Gemütsruhe Brotzeit zu machen. Das, was nicht mehr verzehrt werden kann – weil der Tod vielleicht früher eintritt als erwartet –, bleibt in Ihrem Salatbeet liegen. Verehrtester, da lachen ja die Hühner! Ich vermute, Sie verwechseln da was – nämlich Schnecken mit Hamstern.

Daß Sie meine Birke geschändet haben, habe ich bereits bemerkt. Ich habe Ihnen dafür ein paar Rosen in Ihren Garten geworfen. Die habe ich von Ihren Rosenstöcken abgeschnitten, weil sie leider über meinen Gartenzaun gehangen sind und mich beim Installieren der Videokamera gestört haben. Sie dürfen sicher sein, daß ich zukünftig alles abschneiden werde, was mir von Ihrer Seite aus über den Gartenzaun wächst – schneller als Sie schauen können und Ihr Unkraut wachsen kann.

Und weil wir schon dabei sind: Ich habe gesehen, wie Ihr mißratener Bene gestern ein paar rostige Konservenbüchsen in Ihrem Garten vergraben hat. Ich weiß zwar, daß es Leute gibt, die sich keinen Dünger leisten können und auf diese Weise versuchen, den Boden eisenhaltiger zu machen. Andererseits aber ist das eine Umweltverschmutzung und könnte das Grundwasser verseuchen, wovon nicht nur ich, sondern die gesamte Nachbarschaft betroffen wäre. Deswegen habe ich schon mal vorsichtshalber Anzeige beim Umweltschutzamt und auch beim Landratsamt gemacht. Zudem überlege ich mir, ob ich die Sache nicht an den Bund Naturschutz und auch an Greenpeace weiterleiten soll.

Dazu kommt, daß ich Sie auch wegen Diebstahls belangen werde. Denn an den Birkenästen, die Sie in Ihrer bodenlosen Gehässigkeit abgesägt haben, war kein Laub mehr vorhanden. Da es **meine** Birke ist, ist es auch **mein** Laub. Wenn Sie mir dieses Laub unerlaubterweise wegnehmen, dann ist das, mit Verlaub gesagt, Diebstahl von Laub. Ich glaub, Sie glauben, daß Sie sich wohl alles erlauben können, was?

Ich fordere Sie deshalb auf, dieses Laub sofort und unverzüglich zurückzugeben. Ansonsten, das können Sie mir glauben, werde ich dieses Laub auf gerichtlichem Wege einklagen!

Ich hoffe, Sie wissen jetzt Bescheid, mit wem Sie es machen können und mit wem nicht!

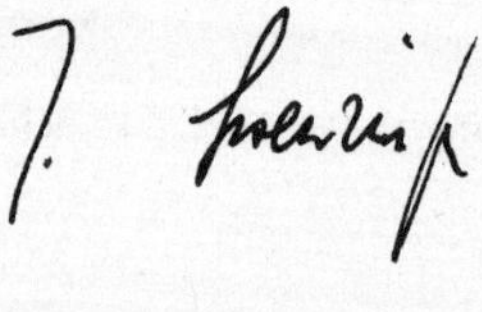

Wolfgang Schlingen
Friedenstraße 9
86179 Augsburg

Jürgen Sprenzinger
Friedenstraße 7a

86179 Augsburg

9. Juni 1999

Betrifft: Unser Nachbarschaftsverhältnis

Bei Ihnen einschmeicheln, Herr Sprenzinger? Nein, da täuschen Sie sich. Was ich bedaure ist nur, daß ich mich einmal auf Ihren Ton ein- und auf Ihr Niveau herabgelassen habe. Der Anzeige beim Umweltschutzamt sehen wir mit großer Gelassenheit entgegen. Die leeren Dosen, die unser Sohn im Garten vergraben hat, werden mit bestem Andechser Hell gefüllt und dienen als Bierfallen für Ihre Schnecken. Das ist im Gegensatz zu Ihrer bestialischen Methode ein in Bayern übliches und erlaubtes Bekämpfungsmittel.

Laub, das von Ihrem Baum auf mein Grundstück fällt, ist im übrigen nicht Ihr, sondern mein Eigentum. Sollten Sie trotzdem Wert darauf legen, können Sie es gerne aus der braunen Tonne holen und sich dabei selbst filmen mit Ihrer Videokamera, deren Anbringung im übrigen verfassungsrechtlich keineswegs gedeckt ist. Ich habe den Polizeibeamten, den Sie mir ins Haus geschickt haben wegen unserem „Pascha“, darauf aufmerksam gemacht. Er hat nur den Kopf geschüttelt.

Daß unsere Katze einen Goldfisch aus Ihrem Seerosenteich gefischt hat, ist in Ordnung. Wir haben es zugeben müssen. Allerdings wußten Sie aus einer Zeit, wo wir noch gut-nachbarschaftlich miteinander verkehrt haben, daß Goldfische auf unseren „Pascha“ eine magische Anziehungskraft ausüben. Ich habe Ihnen doch erzählt, daß wir einmal einen im Glas im Wohnzimmer gehabt haben, den er kurzerhand verschlungen hat. Damals haben Sie noch gelacht und gesagt, daß Sie froh sind, keine eingesetzt zu haben. Jetzt haben Sie es trotzdem getan, nur um unsere Katze zum Fischfang zu verleiten und uns anzeigen zu können. Das haben Sie uns zu Fleiß getan! Sie sollten gescheiter Bratheringe oder Rollmöpse halten, die können Sie selber verspeisen. Zu anderen Tieren haben Sie sowieso kein Verhältnis.

Der Papagei, den Sie sich zugelegt haben, stört inzwischen die gesamte Nachbarschaft mit seinem Gekreische. Er schreit den ganzen lieben Tag lang „Urrlaub … Urrlaub … Urrlaub …“ Vermutlich war der Vogel einmal als Animateur bei Neckermann-Reisen auf einem Messestand. Schicken Sie ihn doch endlich in Urlaub. Von mir aus dahin, wo der Pfeffer wächst. Noch besser wäre es, wenn Sie ihn rupfen und als Suppenhuhn in den Kochtopf stecken würden, den widerlichen Schreier.

Daß Ihre Frau den ganzen Nachmittag im Garten in ihr Handy quäkt, weil sie mit ihren Ratschtanten quasseln muß, macht den Aufenthalt im Freien für uns auch nicht besser. Und nachts, wenn endlich Ruhe eingekehrt ist, fangen die Frösche in Ihrem Teich zu

quaken an. Nein, Herr Nachbar, so kann es wirklich nicht weitergehen! Nehmen Sie doch bitte endlich Vernunft an!
Dabei haben Sie uns einmal weismachen wollen, daß Sie und Ihre Frau lärmempfindlich sind. Damals haben wir Sie zu einem Hausmusikabend eingeladen, bei dem unsere Simone auf der Blockflöte Kinderlieder gespielt hat. Ihre Lehrerin hat ihr in den musischen Fächern nämlich ein großes Talent bestätigt. Das haben wir Ihnen damals ausführlich erzählt. Sie haben aber abgesagt, weil Sie beide angeblich die Blockflötentöne nicht vertragen. Ich war so einfältig und habe es geglaubt. Aber meine Frau hat immer gesagt, daß Sie nicht eine gute Nachbarschaft suchen, sondern nur Ihren Vorteil. Sie hat leider recht gehabt.

Wenn ich trotzdem immer noch versuche, das gestörte Verhältnis zwischen uns einigermaßen erträglich zu gestalten, dann nur um des lieben Friedens willen. Aber so wie es aussieht, wollen Sie ihn nicht. Sie wollen uns ja nicht einmal in Ruhe lassen. Leider.

Wolfgang Schlingen
Friedenstraße 9
86179 Augsburg

Herrn
Heiko Lothar
Buschpfanne 347e

42281 Wuppertal

10. Juni 99

Lieber Heiko,

ich laß heute außertourlich von mir hören, weil Renate und ich zur Zeit viel Ärger und Zoff haben. Ich hab Dir doch immer wieder von unseren neuen Nachbarn erzählt, die Sprenzinger heißen. Über ein paar Monate haben wir ein ganz gutes bis freundschaftliches Verhältnis gehabt. Jetzt entpuppt sich dieser Mensch als ganz großer Blender, der in Wirklichkeit ein hundsgemeiner Streithansel ist.

Ich weiß, Du wirst jetzt sagen, daß es mir ganz recht geschieht. Du hast schon gleich gesagt, ich soll vorsichtig sein mit so einem wie dem. Obwohl Du ihn nicht persönlich kennengelernt hast, sondern nur von meinen Erzählungen, hast Du gesagt: „Du, der gefällt mir nicht mit seinen Sprüchen! Der tut nur so freundschaftlich!" So ist es gekommen, Heiko. Du hast recht gehabt.

Inzwischen macht uns der das Leben schwer, daß wir keine rechte Freude mehr an unserem Häuschen haben können. Die Kinder weigern sich schon, in den Garten zu gehen, weil der sofort über mich und Renate schimpft und übelste Ausdrücke verwendet. Sein Hund hat unseren Rupertus umgehaut, und der Sprenzinger denkt gar nicht daran, die Kosten für die Reparatur zu übernehmen. Du weißt ja selbst, wie wir an unseren kleinen Freunden hängen, vor allem an den Keramikzwergen. Natürlich ist die Zipfelmütze ab, muß geklebt und nachgestrichen werden. Dadurch hat sie an Glanz verloren, so daß wir im Grunde jetzt gleich einen aus Plastik hinstellen können. Ärgerlich!

Das andere sind die Schnecken, die wie eine Schleimerinvasion von Sprenzingers Garten auf unser Salatbeet kommen und alles zusammenfressen. Kaum ein Tag, an dem wir nicht Ärger haben mit denen. Es ist allmählich nicht mehr zum Aushalten. Wir gehen ihm schon aus dem Weg, aber er bombardiert uns mit unverschämten Briefen, auf die ich natürlich entsprechend antworte.

Es herrscht eine beschissene Situation bei uns, ich kann Dir gar nicht sagen, was dieser Nachbar für ein Charakter ist. Renate hat schon gesagt, wenn das so weitergeht, will sie das Häuschen aufgeben und wegziehen von hier. Vieleicht sogar in eine Eigentumswohnanlage, da hat man wenigstens keine Gartennachbarn. Und was die unter, neben oder über uns machen, kann einem egal sein.

Ich versuch, Dich auf dem laufenden zu halten.

Sei vielmals von uns allen gegrüßt

Dein Wolfgang

Wolfgang Schlingen
Friedenstraße 9
86179 Augsburg

Jürgen Sprenzinger
Friedenstraße 7a

86179 Augsburg

17. Juni 1999

Betr.: Vorfall mit Ihrem Hund „Ira“ am 12. Juni ds. vor meinem Grundstück; hier Zeugenaussage

Ich habe Sie von einem Vorgang in Kenntnis zu setzen, der sich an oben genanntem Tag gegen 15.43 Uhr auf dem Gehsteig gegenüber meinem Haus ereignete. Ich stand zu diesem Zeitpunkt hinter unserem blühenden und sehr dicht gewachsenen Jasminstrauch, um diesen mittels eines Sprühmittels von starkem Läusebefall zu befreien.

Zwischen den Ästen hindurchblickend, gewahrte ich Sie, Herr Sprenzinger, wie immer ohne Leine mit Ihrem Hund, der mich ausnahmsweise nicht bemerkte, da Ihnen Frau Schlotterbeck mit ihrem Pudel „Püppchen“ entgegenkam. „Püppchen“ war wie immer angeleint. Als Frau Schlotterbeck in Höhe meines Standortes sich befand, stürzte sich Ihr Köter wild kläffend auf das zierliche Tierchen, warf sich über es, um es zu verschlingen. So hat es mindestens ausgesehen.

Sie standen dabei und haben blöde gelacht, während Frau Schlotterbeck dem Zusammenbruch nahe war. Der Pudel, ein allerliebstes Tier, das schon lange hier wohnt, rührte sich nicht mehr. Man hörte ihn nur wimmern.

Er wurde von Frau Schlotterbeck sofort dem tierärztlichen Notdienst zugeführt, konnte allerdings nicht mehr gerettet werden. Herzanfall mit anschließendem Kreislaufversagen soll es gewesen sein, sagt Frau Schlotterbeck. Sie hat mich ersucht, ihr einen Zeugen für den Vorfall zu machen, nachdem Sie rundweg abgestritten haben, daß Ihr Hund das Tier getötet hat.

So wie ich es hier geschildert habe, habe ich es bei der Polizei zu Protokoll gegeben, nur damit Sie es wissen. Noch vor wenigen Wochen hätte ich mich geweigert, gegen Sie auszusagen, aber nach dem, was sich inzwischen zugetragen hat, haben Sie bei mir nicht auf Milde zu hoffen. Wir Nachbarn zwischen den Hausnummern 5 – 7 und 9 –13 sind uns einig, daß es so nicht weitergehen kann.

Jürgen Sprenzinger
Friedenstraße 7a
86179 Augsburg

Herrn
Wolfgang Schlingen
Friedenstraße 9

86179 Augsburg

22. Juni 1999

Ich bitte Sie nun, mich mit weiteren idiotischen Anschuldigungen in Ihren blöden Briefen zu verschonen. Ihren letzten Brief habe ich schon nicht mehr beantwortet, weil er mir viel zu blöd war. Ich habe des weiteren darüber hinweggesehen, daß Ihr ungezogener Kater meinen Goldfisch Florian gefressen hat. Des weiteren habe ich ebenfalls darüber hinweggesehen, daß Sie mir unterstellen, ich täte einen Papagei besitzen.

Wenn Sie nämlich Ihre Kuhaugen aufgemacht hätten, dann hätten Sie bemerkt, daß das nicht mein Papagei ist, der da ständig „Urrlaub ... Urrlaub" schreit, sondern der Papagei von Herrn Hösl, der rechts neben mir wohnt. Somit kann ich für dieses Gekreische überhaupt nichts dafür und bin auch nicht befugt, den Vogel in Urlaub zu schicken, wie Sie vorgeschlagen haben. Ihren Vorschlag, den Papagei zu rupfen und als Suppenhuhn, oder in diesem Fall als Suppenpapagei, zu verwerten, habe ich an den hiesigen Tierschutzverein weitergeleitet, der mir zugesichert hat, künftig ein waches Auge auf Ihre gemeinen Aktivitäten zu werfen.

Eigentlich wollte ich meine Ruhe vor Ihnen haben und zudem geht mir Ihre blöde Briefschreiberei gewaltig auf den Sack. Nach dem neuerlichen Schreiben vom 17. Juni aber gewinne ich immer mehr den Eindruck, daß Sie keine Ruhe geben wollen – ja, daß Sie sogar ein ausgemachter Streithansl sind, der seine angeborene und tief verwurzelte Aggression an einem friedliebenden Nachbarn – wie ich es eigentlich im Grunde meines Herzens bin – in pervertierter Form ausleben will.

Meine Frau hat darüber mit ihrem Psychiater gesprochen, und der hat gemeint, Sie hätten ein total unerfülltes Sexualleben, was ich ihm auf Anhieb glaube, wenn man Ihre Alte so anschaut. Bevor ich die nehmen würde – nein danke! Lieber kriege ich da drei Jahre nichts vom Christkind. Das wäre leichter zu ertragen. Aber das ist ja Gott sei Dank nicht mein Problem.

Sie unterstellen meinem Hund, ein Mörder zu sein. Dazu möchte ich folgendes sagen:

Erstens entspricht es genau Ihrer hintervotzigen Art, hinterrücks die Leute zu beobachten. Dazu müssen Sie sich auch noch eines unschuldigen Jasminstrauches bedienen, der unglücklicherweise das grausame Schicksal ertragen muß, ausgerechnet in Ihrem Garten stehen zu müssen. Ich bin sicher, woanders würde der viel besser gedeihen, da er dann, befreit von Ihrer Bosheit, wesentlich besser wachsen würde und weit weniger Läuse hätte.

Zweitens hat dieser bescheuerte Pudel meinen Hund angegriffen. Und zwar hinterrücks, weil er vielleicht gedacht hat, an der Leine wäre er stärker als mein Hund. Mein Hund hat den Pudel dann lediglich in Notwehr abgewehrt und unterworfen. Und das war durchaus korrekt. Doch hat mein Hund zu keiner Zeit zugebissen. Er würde sich nie das Maul mit einem Pudel beschmutzen. Daß dieser blöde Pudel, der übrigens schon mindestens zwölf Jahre alt war, daran verreckt ist, geschieht ihm recht, diesem blöden unintelligenten Vieh. Zudem mag mein Hund keine Pudel, denn das ist eine Rasse, die meinem Hund äußerst zuwider ist. Bei anderen Rassen empfindet mein Hund keinen Rassenhaß.

Richtig ist, daß ich wegen dem Vorfall lachen mußte, weil mein Hund schon viele andere Hunde unterworfen hat, aber alle sind sie wieder aufgestanden. Daß dieser Pudel vor Schreck liegen bleibt und sofort in den Hundehimmel auffährt – das ist ja wirklich komisch. Aber merken Sie sich eines, lieber Herr: Ich lache niemals blöd!

Und abschließend noch eine Frage: Was täten Sie machen, wenn ich Sie von hinten in den Arsch beißen täte? Sie würden sich wahrscheinlich auch wehren. Und wenn ich dann daraufhin einen Herzinfarkt bekommen täte, dann würden Sie sich wahrscheinlich auch freuen wie ein Schneekönig und blöde lachen.

Diesen Gefallen werde ich Ihnen aber nicht tun.

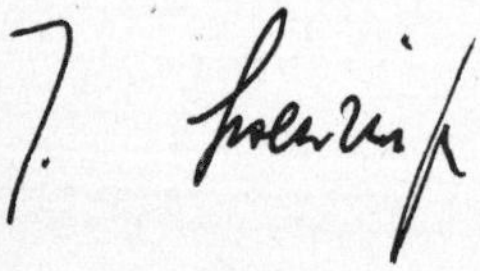

Wolfgang Schlingen
Friedenstraße 9
86179 Augsburg

Jürgen Sprenzinger
Friedenstraße 7a

86179 Augsburg

30. Juni 1999

Ihr letztes Schreiben setzt dem Faß doch die Krone auf! Sie beobachten unsere Familie mittels einer Videokamera und wollen mich als Lauscher hinter dem Jasminstrauch denunzieren. Sie können Ihre Unschuldsversion noch so oft wiederholen, sie stimmt nicht. Frau Schlotterbecks „Püppchen" ist Opfer Ihres aggressiven und unerzogenen Hundes geworden, Herr Sprenzinger!

Es mag ja sein, daß nicht Ihr Vogel, sondern der Papagei von Herrn Hösl immer „Urrlaub … Urrlaub" schreit. Aber er kreischt eindeutig auf Ihrem Grundstück, das kann ich beweisen. Dann schicken Sie ihn doch zurück auf Nummer 7, wenn der Schreihals Ihnen nicht gehört. Solange der Lärm von Ihrem Garten ausgeht, wende ich mich an Sie und an niemand anders.

Im übrigen gehe ich auf die Beleidigungen und Gehässigkeiten meine Frau und mich betreffend in Ihrem Schreiben nicht ein. Sie werfen ein bezeichnendes Licht auf Sie selbst. Der Inhalt ist entlarvend.

Leider erschweren Sie das Zusammenleben mit Ihnen zusehends immer stärker. Vermutlich haben Sie noch nicht bemerkt, daß in Ihrem Rosenbeet entlang der Grundstücksgrenze der Mehltau wütet. Das hätte mich nicht weiter zu interessieren, wenn diese Blattkrankheit inzwischen nicht auf meine Edelrosenrabatte übergegriffen hätte. Schauen Sie sich das Ergebnis einmal an! Die Blätter rollen sich ein, werden welk, fallen ab und im Boden breitet sich der Erreger weiter aus. Die „Konrad-Adenauer-Rose“ hat bereits die Knospenbildung eingestellt und verkümmert, bei der „Pavarotti“-Züchtung wird es nicht mehr lange dauern, bis sie dahin ist. Wissen Sie eigentlich, was das kostet? Aber wie man sieht, haben Sie von Pflanzenkunde und Gartenpflege so wenig Ahnung wie von Anstand und Taktgefühl.

Ich kann nur bedauern, Ihnen je die Hand zu einem gut-nachbarschaftlichen Verhältnis gereicht und Ihnen unser gastliches Haus geöffnet zu haben.

Jürgen Sprenzinger
Friedenstraße 7a
86179 Augsburg

Herrn
Wolfgang Schlingen
Friedenstraße 9

86179 Augsburg

2. Juli 1999

Was das Gekreische dieses Papageis betrifft, so sage ich es Ihnen nochmal, damit es Ihr Spatzenhirn endlich kapiert: Es handelt sich nicht um meinen Vogel, sondern um den vom Herrn Hösl. Wenn Sie ihn trotzdem auf meinem Grundstück kreischen hören, dann muß ich Ihnen leider mitteilen, daß Sie zu all Ihren anderen körperlichen und geistigen Gebrechen auch noch einen Gehörfehler haben. Meine Frau hat gesagt, Sie sollten vielleicht mal einen Ohrenarzt aufsuchen.

Wenn Sie auf meine „Beleidigungen“ nicht eingehen, dann stelle ich hiermit fest, daß Sie das auch gar nicht können, weil ich Sie nämlich noch gar nie beleidigt habe, sondern ich hab Sie lediglich mit der Wahrheit konfrontiert. Und das vertragen Sie anscheinend nicht.

Und dann der Mehltau! Der kommt von Ihnen, lieber Freund! Denn Ihre Rosen sind zu mir über den Zaun gewachsen und nicht meine Rosen zu Ihnen hinüber. Daß wir das gleich mal klarstellen! Der Mehltau stammt von Ihren Rosen, und Sie haben meine Rosen mit

Ihrem Mehltau verseucht! So sieht das aus! Ihre „Konrad-Adenauer-Rose“ ist sowieso eine veraltete Züchtung – und zu Ihrer Information: Konrad Adenauer lebt auch schon lange nicht mehr. Was Ihre „Pavarotti“-Züchtung betrifft, muß ich Ihnen sagen, daß der Pavarotti charakterlich auch nicht so einwandfrei ist. Erst vor kurzer Zeit hat der sich scheiden lassen und lebt jetzt mit einer 25jährigen zusammen. Das ist doch dann völlig klar, daß eine Pavarotti-Züchtung nichts taugen kann. Und so was pflanzen Sie sich in den Garten! Sie sind ein völlig unmoralischer Mensch und unterstützen diesen Pavia … Pavarotti, mein ich, auch noch mit Rosen! Sie täten sich ja sogar eine „Lafontaine“-Züchtung oder eine Theo-Waigel-Züchtung in den Garten! Gott sei Dank gibt es sowas noch nicht.

Im übrigen stellen Sie bitte Ihren alten Karren nicht immer so nahe neben meiner Garageneinfahrt hin, weil ich mit meinem Wagen dann ständig Probleme habe. Ich will mein Auto nicht an Ihrer asozialen Schrottkiste zerkratzen. Und wenn Ihr Bene mir noch einmal die Zunge rausstreckt, dann haue ich ihm eine runter, diesem Saubub, diesem dreckigen! Damit Sie das nur wissen.

Mit äußerst unfreundlichen Grüßen

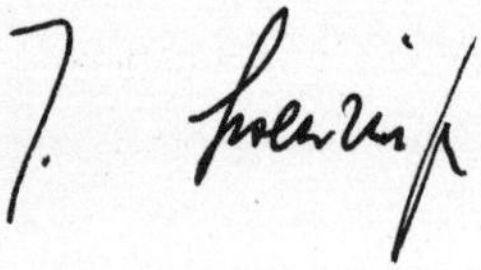

Wolfgang Schlingen
Friedenstraße 9
86179 Augsburg

Jürgen Sprenzinger
Friedenstraße 7a

86179 Augsburg

18. Juli 1999

Die Anrede „mein lieber Freund", die Sie glauben verwenden zu müssen, verbiete ich mir in Zukunft, denn sie ist so, wie Sie sie verwenden, eine überhebliche Formulierung, wie man sie sich nicht gefallen lassen muß. Ein Polizeibeamter zum Beispiel, der einen Autofahrer stoppt und ihn so anredet, bekommt vor Gericht nicht recht. Merken Sie sich das!

Auch die im Zusammenhang mit meiner Rosen-Liebhaberei von Ihnen genannten Politiker haben Sie beleidigt. Ich kenne Ihre Einstellung schon, nicht daß Sie meinen! Wie wir in der Nachbarschaft Sie einschätzen, stehen Sie auf jeden Fall nicht hundertprozentig auf dem Boden eines demokratischen Rechtsstaates. Vermutlich lehnen Sie ihn sogar ab. Aber das ist ein anderes Thema, das schon noch einmal auf Sie zukommen kann.

Was Ihren Pkw betrifft, so muß ich Ihnen sagen, daß dieser mindestens jeden zweiten Tag ca. 15 Zentimeter mit dem Heck außerhalb der als Parkraum zur Verfügung stehenden Fläche abgestellt ist, weshalb bei eventuellen Beschädigungen keinerlei Rechtsanspruch für Sie besteht. Ich habe bisher klaglos mit meinem Wagen mehrmals rangieren müssen, um herauszukommen. Das war das letzte Mal, mein Herr! Sollten Sie mich noch einmal blockieren, werde ich die Polizei rufen und Anzeige erstatten.

Unserem Bene und den anderen Kindern habe ich verboten, Ihnen irgendwelche Grimassen zu schneiden oder gar die Zunge herauszuhängen. Lassen Sie also die Hände von den Kindern!

PS: Es wäre vernünftiger, wenn Sie künftig Ihren Rasen von Unkraut frei hielten statt beleidigende Schreiben zu verfassen. Sie dürfen nämlich auf direkt angrenzenden Gartengrundstücken Unkräuter keinesfalls aussamen lassen, wie Sie es praktizieren. Der Wind trägt den Unkrautsamen weiter, so daß nicht nur wir, sondern auch die Herrschaften von gegenüber inzwischen vermehrt eine Verunkrautung der englischen Rasenflächen feststellen. Kein Garten in der ganzen Umgebung kommt dafür in Frage, nur der Ihrige. Ihre gnädige Frau und Sie selbst haben doch genügend Zeit, pflegerische Maßnahmen durchzuführen.

Wolfgang Schlingen
Friedenstraße 9
86179 Augsburg

Jürgen Sprenzinger
Friedenstraße 7a

86179 Augsburg

2. August 1999

Betr.: Ihr Hund; hier erneut mangelnde Beaufsichtigung desselben durch Halter

Leider sehe ich mich gezwungen, unter obigem Datum zum zweiten Male innerhalb sechs Wochen einen unangenehmen Vorfall mit Ihrem Hund „Ira" zur Sprache und zu Protokoll zu bringen. Die unangemessene Verhaltensweise des Tieres läßt nämlich auf eine mangelhafte Beaufsichtigung und eklatante Verletzung der Aufsichtspflicht Ihrerseits schließen.

Heute früh gegen 8.12 Uhr – eine Zeit, zu der Sie zumindest von unserer Nachbarschaft noch nie ausgeschlafen im Freien gesehen wurden – war meine Frau mit Reinigungsarbeiten beschäftigt, und dies bei geöffneter Haustüre. Ihr unbeaufsichtigter Hund rannte von der Straße aus direkt in unsere Wohnung, über den Flur und die Küche in den Keller, wo er sich widerrechtlich und in geradezu frenetischer Weise an unseren Wurstvorräten verging.

Alle Ermahnungen und Zurufe von seiten meiner Frau befolgte das unfolgsame Tier in keinster Weise, sondern betätigte sich als vierbeiniger Wurstschnapper in unserem Vorratskeller. Ein paar abgehängte Landjäger, eine ca. 23 Zentimeter lange Dauerwurst der ff-Klasse, sowie ein schwarzgeräucherter Bauernschinken aus dem Oberen Donautal (Schwarzwaldnähe) fielen der Freßsucht des unbeherrschten Viehs zum Opfer.

Da wir nicht gewohnt sind, unseren Lebensmittelbedarf in Fleischabteilungen von Supermärkten und Billigläden zu decken, sondern als angesehene Kunden im Fleischereifachgeschäft, können Sie sich den Schaden selbst ausrechnen.

Mehr noch als diesen Schaden möchte ich jedoch darauf hinweisen, daß Sie als Hundehalter Ihrem Mischling künftig rechtzeitig und energisch genug das unbefugte Betreten fremden Territoriums untersagen. Widrigenfalls und im Wiederholungsfalle sehe ich mich gezwungen, beim Amt für Öffentliche Ordnung die Unterbringung des Tieres in einer Hundeerziehungsanstalt anzuregen bzw. zu beantragen. Im übrigen dürfte dieses für die Eintreibung der Hundesteuer zuständige Amt auch interessieren, daß Sie Ihren Hund nicht durch das vorgeschriebene Anhängen der Registriermarke als Steuerzahler ausweisen.

Hunde, die in der soeben geschilderten Weise auf Raub aus sind, werden in aller Regel nicht ausreichend mit Futter versorgt, was wiederum eine Angelegenheit des Tierschutzvereins wäre.

Ich weise bei dieser Gelegenheit nur darauf hin, daß das arme Tier bereits mehrmals die Mülltonnen der Familien Hösl und Mühlbrunner durchgestöbert, in einem Fall sogar gierig zur Entsorgung freigegebene Bratkartoffeln verzehrt hat. Außerdem belästigt er ebenso regelmäßig wie regelwidrig die Witwe Grabensdorf, wenn diese vom Einkaufen in ihre Wohnung zurückkommt. Daß er der alten Frau die Plastiktüten nicht aus der Hand reißt und sich aneignet, ist alles. Doch dagegen vorzugehen ist eine andere Sache. Die Betroffenen sollen das selber tun, was ich ihnen auch raten werde.

Ich erwarte eine Entschädigung für den mir entstandenen Schaden in voller Höhe.

Jürgen Sprenzinger
Friedenstraße 7a
86179 Augsburg

Wolfgang Schlingen
Friedenstraße 9

86179 Augsburg

3. August 1999

Betreff: Ihre letzten beiden Schreiben – Beleidigung diverser Politiker

1. Hiermit möchte ich Sie aufklären, daß man einen Politiker überhaupts nicht beleidigen kann, weil ein Politiker nämlich eine öffentliche Person ist. Das ist ungefähr so ähnlich wie eine Prostituierte. Die ist auch öffentlich und kann somit nicht beleidigt werden.

2. Ihre Äußerung, ich täte nicht auf dem Boden eines demokratischen Rechtsstaates stehen, betrachte ich als verleumderische Unterstellung. Ich zahle ordnungsgemäß meine Steuern, bin Mitglied der katholischen Kirche und unterstütze sogar das Rote Kreuz mit mindestens einer Blutspende jährlich. Und erst neulich habe ich der Caritas 2.– Mark spendiert.

3. Wenn Ihnen das nicht paßt, daß mein Auto so lang ist, wie es ist, dann ist das nicht mein Problem. Wegen Ihnen kaufe ich kein kür-

zeres Auto, das sage ich Ihnen gleich. Wenn Sie nicht Auto fahren können und Ihren Führerschein im Lotto gewonnen haben, dann gehen Sie halt zu Fuß oder lassen Sie sich tragen. Im übrigen steht das Heck meines Autos nicht 15 cm außerhalb des Parkraumes, sondern bestenfalls 5 cm. Aber wegen Ihnen werde ich meinem Auto nicht das Hinterteil abschneiden. Wegen Ihnen nicht! Und wenn Sie meinen, Sie müssen die Polizei holen, dann machen Sie das ruhig. Die halten Sie sowieso schon für einen Psychopaten.

4. Daß Sie Ihrem Rotzlöffel Bene verboten haben, mir Grimassen zu schneiden und die Zunge herauszustrecken, war ausnahmsweise eine vernünftige Handlung, die Ihrem mißratenen Ableger wahrscheinlich sein Leben retten wird.

5. In meinem Rasen wächst kein Unkraut! Wenn aber zufällig ein Löwenzahn darauf wachsen sollte, dann ist das nicht meine Angelegenheit, sondern Sache des Löwenzahns. Dazu kommt, daß es sich bei der Aussamung besagten Löwenzahnes um eine natürliche Angelegenheit handelt, schließlich ist ein Löwenzahn Bestandteil der Natur. Und die Natur siegt immer. Das werden Sie auch an sich selbst noch einmal feststellen müssen. Nur dreht es sich bei Ihnen dann nicht um eine Aussamung, was ja auch eine Katastrophe wäre, sondern um eine Zerfallserscheinung. Das kann ich aber in Ruhe abwarten.

   Wann ich meinen Garten pflege oder nicht pflege, ist alleinig meine Angelegenheit und geht Sie einen feuchten Staub an.

Und weil wir gerade dabei sind: Neulich habe ich Ihre Frau dabei ertappt, wie sie im Vorgarten der Familie Steinbrecher Rosen gestohlen hat. Einfach abgeschnitten hat sie sie. Ich habe die Familie Steinbrecher bereits dahingehend informiert, daß Ihre Frau es war. Nur damit Sie das wissen – und nicht wieder versuchen, mich als Buhmann hinzustellen, wie Sie es gerne tun.

Nun zu Ihrem zweiten Schreiben vom 2. August dieses Monats:

Dazu möchte ich einiges richtigstellen:

Herr Bigotsky von Hausnummer 8 hat den Vorfall nämlich genau gesehen, war somit ein sogenannter Augenzeuge und hat mir den Vorfall wie folgt geschildert:

Ihre Frau hat keinesfalls Reinigungsarbeiten ausgeführt, denn noch nie hat irgendein Mensch in der Nachbarschaft Ihre Frau etwas reinigen sehen. Eher war es so, daß Ihre Frau, die ja auch brutal fremde Rosen abschneidet, meinen Hund vorsätzlich angelockt hat, um ihn um die Ecke zu bringen. Das total verängstigte Tier wurde anschließend von Ihrer Frau in den Keller getrieben, mit dem Vorsatz, es ins Jenseits zu befördern.

Da mein Hund sehr intelligent ist und auch über ein sehr schnelles Reaktionsvermögen verfügt, ist er Ihrer Frau entkommen. Als Entschädigung hat er sich noch schnell eine Wurst und einen Schinken mitgenommen, was aus der Sicht des Hundes voll berechtigt war. Sozusagen als Schadensersatz. Ich stehe völlig hinter meinem Hund und kann ihn ob seiner Tapferkeit und seines Mutes nur loben.

Wenn Sie sich noch einmal unterstehen und meinen Hund unberechtigterweise anlocken, dann werde ich drastische Maßnahmen ergreifen und durch meinen Anwalt eine einstweilige Verfügung erwirken lassen, daß Sie die Haustüre nicht mehr aufmachen dürfen, wenn mein Hund gerade daran vorbei geht. Und im übrigen: mein Hund besitzt sehr wohl eine Steuermarke. Sie ist nur etwas abgewetzt, was Sie in Ihrer Kurzsichtigkeit vermutlich nicht bemerkt haben dürften. Ich bezahle seit 6 Jahren, also so lange ich den Hund habe, bereits Hundesteuer. Deswegen ist die Steuermarke auch schon ziemlich abgewetzt.

Wie Sie selbst sehen können und mir auch in der Nachbarschaft immer wieder bestätigt wird, sieht mein Hund keinesfalls unterernährt aus. Was die Witwe Grabensdorf betrifft, so verdrehen Sie auch hier die Tatsachen. Tatsache ist nämlich, daß Frau Grabensdorf das 75. Lebensjahr bereits überschritten hat und sich mit dem Tragen der Plastiktüten sehr schwer tut. Mein Hund, hilfsbereit wie er erzogen wurde, will der Frau eigentlich nur helfen, indem er versucht, ihr eine Tüte abzunehmen, damit sie nicht so schwer tragen muß. Leider lehnt Frau Grabensdorf diese Hilfe permanent ab, was meinen Hund jedesmal sehr kränkt. So ist das!

Auf eine Entschuldigung können Sie lang warten – ich wüßte nicht, wofür ich mich ausgerechnet bei Ihnen entschuldigen sollte.

Mit hochverachtungsvollen Grüßen

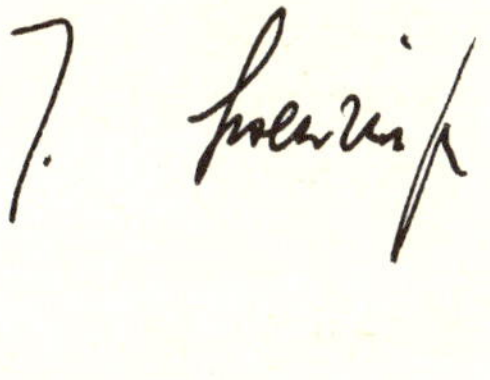

Wolfgang Schlingen
Friedenstraße 9
86179 Augsburg

Jürgen Sprenzinger
Friedenstraße 7a

86179 Augsburg

7. August 99

Betr.: Wiedergutmachungswurst und Ihr Schreiben, bzw. Pamphlet vom 3. ds. Monats

Den Ersatz für die von Ihrem Hund vernichteten Wurstvorräte unserer Familie in der von Ihnen gelieferten Form muß ich energisch zurückweisen. Die Überbringung eines wurstähnlichen Gebildes durch einen mir unbekannten Herrn kann nur als Provokation gesehen werden. Herr Sprenzinger: Ihr Hund hat an besagtem Tag in unserem Keller keine Hundewurst gefressen, sondern wie mitgeteilt 1 Paar Landjäger, eine Dauerwurst der ff-Klasse sowie ein Stück Geselchtes beschriebener Qualität. Diese können Sie nicht mit Quantität ersetzen.

Glauben Sie denn im Ernst, wir essen in Zeiten zunehmender Lebensmittelskandale Wurst von jeder dahergelaufenen Sau? Nein, wir sind gewohnt, die Tiere persönlich zu kennen, aus denen unsere Wurst gemacht wird. Als umweltbewußte und tierfreundliche Konsumenten erwerben wir Fleisch- und Wurstwaren nur in ersten Häusern, die zu ihrer Ware einen entsprechenden Herkunftsnachweis liefern. Wissen wir denn, ob in der von Ihnen als Wiedergutmachung gelieferten Wurst nicht gequälte ungarische Steppenpferde, italienische Esel oder gar mit dioxonhaltigem Abfallfutter gemästete Schweine aus Belgien oder den Niederlanden enthalten sind?

Ganz abgesehen davon, daß ich einen Ersatz nicht in Naturalien, sondern in Barem gewünscht habe – eine Hundewurst ist keine angemessene Entschädigung für den erlittenen Verlust. Die kann Ihr Hund wieder abholen und von mir aus verzehren. Aber auf der Straße, nicht mehr in meinem Haus!

Was Ihre sonstigen Einlassungen oder besser Auslassungen in oben erwähntem Antwortschreiben betrifft, so möchte ich wirklich nicht darauf eingehen. Daß Sie sich laufend im Ton vergreifen, wissen Sie ja hoffentlich selbst. Mich werden Sie so nicht aus der Reserve und in eine Falle locken. Die Formulierungen werfen ein bezeichnendes Licht auf Ihre mitmenschliche Einstellung und Ihren Charakter, nur daß Sie es wissen! Das sagen auch Nachbarn und Bekannte, denen ich Ihre Zeilen zum Lesen gegeben habe.

Der Ordnung halber muß ich jedoch auf die gravierendsten Vorhaltungen eingehen. Die Familie Steinbrecher befindet sich zur Zeit im Urlaub und hat meine Frau gebeten, den Vorgarten in Ordnung zu halten und dabei vor allem auf die Rosenstöcke zu achten. Dazu gehört ein gepflegter Schnitt, mein Herr! Deshalb und nur deshalb hat meine Frau gefälligkeitshalber die Rosen abgeschnitten und in einer Vase bei uns zu Hause mit Wasser und einem biologischen Welkungshemmer versorgt. Sobald die Steinbrechers zurück sind, bekommen sie ihre Rosen als Willkommensgruß von meiner Frau ins Schlafzimmer gestellt.

Das geht Sie ja eigentlich gar nichts an. Aber ich sage es Ihnen nur, damit Sie nicht weiter Unwahrheiten und Diffamierungen verbreiten!

Das nächste: Löwenzahn hat in einem gepflegten Rasen nichts zu suchen. Das wird Ihnen jeder Gärtner bestätigen. Am Ende behaupten Sie noch, Sie hätten statt eines Gartens ein Biotop, das unter Naturschutz steht. Ein Löwenzahn-, ein Unkraut-Biotop! Wissen Sie was? Die Ameisen, die auf einer mindestens fünf Zentimeter breiten Aufmarschstraße invasionsartig zu Tausenden aus Ihrem Löwenzahn-Garten in mein Blüten- und Gemüseparadies einmarschieren, sind Schädlinge und kein Naturereignis.

Sie fühlen sich nur in einer Wildnis und nicht in einer kultivierten Anlage wohl. Sie brauchen für ihre Ernährung Blattläuse, und die gibt es bei Ihnen ebenso in Massen.

Mit anderen Worten: Was Sie als Garten bezeichnen, ist ein Unkraut- und Schädlings-Zuchtbetrieb!

Schädlich sind auch Sie für die ganze Nachbarschaft und die weitere Umgebung, wenn Sie in diesem Stil weitermachen. Eines Tages wird man Unterschriften gegen Sie sammeln und Ihren Wegzug verlangen. Lassen Sie es nicht soweit kommen und kehren Sie endlich um!

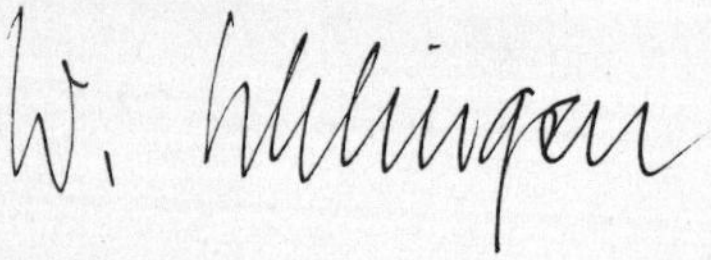

Jürgen Sprenzinger
Friedenstraße 7a
86179 Augsburg

Wolfgang Schlingen
Friedenstraße 9

86179 Augsburg

12. August 1999

Betreff: Hundewurst

Daß mein Hund Ihre Wurst gefressen hat, ist Ihre Schuld. Wenn Ihre Frau meinen Hund zu Ihnen ins Haus lockt, um ihn zu beseitigen, dann ist das eindeutig eine strafbare Handlung. Somit sind Sie für den Schaden selbst verantwortlich.

Daß ich Ihnen eine Ersatzwurst zukommen hab lassen, war eine Versöhnungsgeste meinerseits, die Sie aber anscheinend nicht als solche erkannt haben. Das ist ganz typisch für Sie! Ich reiche Ihnen die Wurst, ich meine, symbolisch die Hand, und Sie schlagen sie aus! Und bezeichnen die Salami von der Firma Reiter, einem in ganz Bayern bekannten Metzger, als Hundewurst! Mir ist völlig klar, daß Ihnen Bargeld wesentlich lieber gewesen wär, weil wir schon wissen, daß Ihnen der Hut an allen Ecken brennt. Aber das können Sie sich abschminken.

Auf die Rosenklauerei Ihrer werten Frau Gattin will ich hier gar nicht näher eingehen. Sie wissen selbst, daß es Diebstahl war, und jetzt wollen Sie alles nur beschönigen. Aber mir können Sie da nichts vormachen. Es ist in der Nachbarschaft allgemein bekannt, daß Sie ein sehr einnehmendes Wesen haben und zudem ein Raffzahn sind.

Wenn Sie meinen, Sie müssen aus Ihrem Wohnlokus-Garten einen Golfplatz machen, auf dem kein Löwenzahn was zu suchen hat, dann ist das Ihr Problem. Mein Löwenzahn bleibt jedenfalls dort, wo er ist. Und mit Freude werde ich auf den Tag warten, an dem er aussamt. Zudem lernt es jedes Kind schon in der Schule und weiß: Ameisen sind keine Schädlinge, sondern nützlich, weil sie sozusagen die Polizei im Garten sind. Aber davon haben Sie kleinkarierter Mensch vermutlich noch nie was gehört. Aber das ist in der Nachbarschaft schon bekannt, daß Sie so kleinkariert sind, daß man Sie als Fliegengitter verwenden könnte. Ich habe nur den Verdacht, daß sich kein Mensch einen Herrn Schlingen vors Fenster spannen will!

Abschließend zu Ihrer Information: Wenn irgend jemand hier wegziehen muß, dann sind Sie das! Unterschriften gegen Sie sammeln, das kann ich auch, und ich bin sicher, ich bekomme wahrscheinlich ein paar mehr wie Sie. Jedenfalls werde ich nicht umkehren, und Ihre scheinheiligen missionarischen Belehrungen können Sie sich sparen.

Im übrigen sollten Sie lieber mal wieder Ihre total verwilderte Hecke schneiden, anstatt sich über einen Löwenzahn aufzuregen. In Ihrer Hecke breitet sich nämlich die Ackerwinde derart aus, daß man meinen könnte, es wäre eine Ackerwindenhecke und keine Thujahecke. Dazu kommt, daß Ihr Komposthaufen momentan derart stinkt, daß es eine Belästigung für die gesamte Nachbarschaft ist.

Das ist aber auch kein Wunder, denn Ihre Frau wirft ja alles auf den Kompost, sogar ihre alte Unterwäsche. Das habe ich per Videokamera beobachtet, damit Sie das nur wissen. Kein Wunder, daß der Komposthaufen da zu stinken anfängt. Ein gut gepflegter Komposthaufen stinkt nämlich nicht, werter Herr!

Aber bei Ihnen stinkt ja bekanntlich nicht nur selbiger.

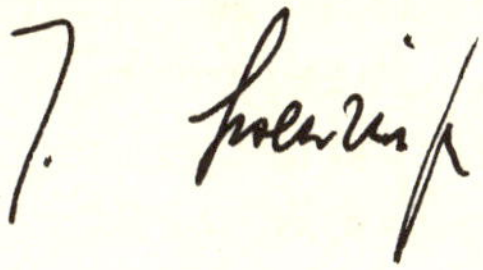

Wolfgang Schlingen
Friedenstraße 9
86179 Augsburg

Jürgen Sprenzinger
Friedenstraße 7a

86179 Augsburg

Augsburg, 21.8.99

Betr.: Ihr gestriges Grillfest

Bedauerlicherweise haben Sie am gestrigen Freitag bis tief in die Nacht von heute hinein in Ihrem Garten eine Grillparty veranstaltet, ohne die Nachbarn zuvor zu verständigen und – wie es sich gehört – um Erlaubnis zu bitten.

Zunächst haben Sie die ganze Gegend mit einem unsachgemäß entzündeten Kohlefeuer belästigt. Der beißende Brandgeruch ist durch alle Fensterritzen in die Räume gedrungen und hat einen Aufenthalt in den Häusern und in den Gärten unmöglich gemacht. Entsprechende Klagen kamen von allen Seiten zu uns, weil viele Nachbarn in der Gegend noch annehmen, wir seien befreundet. Ich habe sie direkt an Sie bzw. die Polizei verwiesen.

Entgegen der ortspolizeilichen Bestimmungen haben Sie mit Ihren Gästen nicht nur über 22 Uhr hinaus gefeiert, sondern laute Musik gespielt. Wegen dieser und wegen der grölenden Teilnehmer Ihrer Party war es unmöglich einzuschlafen. Unsere Kinder konnten am heutigen Samstag nicht zum Unterricht geschickt werden, weil sie völlig erschöpft und übernächtigt waren. Selten haben wir eine derart unkultivierte und undisziplinierte Gartenfete beobachten können.

Es ist sicher Ihrer Aufmerksamkeit nicht entgangen, daß einige Ihrer Gäste beim Verlassen des Hauses am frühen Morgen in unseren Vorgarten uriniert haben und bei dieser Gelegenheit in unserer Gartenzwerg-Kolonie erneuten Schaden angerichtet haben. Der neben dem Moospolster mit Gartenarbeiten beschäftigte Zwerg Eustachius weist erhebliche Spritzwasserschäden an der grünen Gartenschürze auf, an der er offensichtlich voll von einem Strahl getroffen wurde. Die lackierte Arbeitsschürze von Eustachius ist total verätzt. In seinem Schubkarren sind noch heute Urinreste auszumachen.

Herr Sprenzinger, das ist eine bodenlose Sauerei, was sich da einige Ihrer Freunde geleistet haben! Mein Vorgarten ist kein öffentliches Pissoir! Ich würde mich für solche Gäste schämen!

Polizeiliche Schritte wegen Ruhestörung und Lärmbelästigung sind bereits von anderer Seite eingeleitet.

Jürgen Sprenzinger
Friedenstraße 7a
86179 Augsburg

Wolfgang Schlingen
Friedenstraße 9

86179 Augsburg

23. August 1999

Ihr Brief von vorgestern ist eine bodenlose Unverschämtheit, eine Anmaßung ohnegleichen, Sie glauben wohl, Sie sind der liebe Gott persönlich, daß ich bei Ihnen um Erlaubnis fragen muß, ob ich eine Grillparty veranstalte oder nicht. Demnächst verlangen Sie noch, daß ich Sie um Erlaubnis frag, wenn ich aufs Klo geh. Haben der gnädige Herr was dagegen, wenn ich nach dem Geschäft die Klospülung betätige? Ja, da schau her, so weit kommt's noch!

Daß Sie ein humorloser Mensch sind, ist in dieser Gegend hinreichend bekannt. Und Ihnen stinkt es ja nur, daß Sie nicht eingeladen waren, der blanke Neid spricht aus jeder Ihrer Zeilen, und mir ist das auch klar, daß Sie kein Mensch nicht einladet, weil Sie nämlich humorlos sind.

Sie behaupten, meine Gäste hätten Ihre Gartenzwerge bepinkelt. Das weise ich weit von mir, denn kein einziger meiner Gäste hat im Garten uriniert, sondern wir haben eine Gästetoilette, die auch benutzt wurde. Wir haben das an der leeren Klopapierrolle festgestellt.

Aber selbst wenn es so gewesen wäre, dann wären Sie selber schuld. Sie stellen Ihre bescheuerten Gartenzwerge so nah an den Gartenzaun und zwar noch so, daß diese doofen Plastikfiguren ständig provokativ in meinen Vorgarten schauen. Da wäre es kein Wunder, wenn jemand auf die Idee käme, so einen Gartenzwerg auch mal anzupinkeln. Und was ein richtiger Gartenzwerg ist, muß sowas auch aushalten!

Ich betone aber nochmals, daß keiner meiner Gäste auch nur einen Tropfen Urin an Ihren dämlichen Plastikzwerg „Eustachius“ verschwendet hat. Wenn Sie das behaupten, dann ist das eine bösartige Unterstellung. Ich bin sicher, das war Ihre verzogene Tochter oder Ihr sauberer Sohn Bene, der vor drei Tagen mit seinen Kumpanen wieder einmal besoffen randaliert hat. Deswegen waren Ihre Fratzen völlig erschöpft und nicht in der Lage, in die Schule zu gehen! Aber das ist ja auch egal, ob die in die Schule gehen oder nicht, bei Ihren Ablegern hat die Schule eh gar keinen Wert nicht.

Was die Verätzungen Ihres Gartenzwerges Eustachius betrifft, so sind diese nicht wegen Anpinkelns seitens meiner Gäste entstanden, sondern es ist eher anzunehmen, daß selbige von Ihrem Gift bzw. von Ihrer Galle kommen, die Sie ständig versprühen.

Wenn Sie meinen, daß Sie polizeiliche Schritte unternehmen müssen, dann ist mir das wurscht. Weil beweisen können Sie nämlich gar nichts! Aber absolut nichts! Und die Polizei weiß schon, daß Sie ein Streithammel sind, denen können Sie nichts mehr vormachen, das schreiben Sie sich hinter die Ohren, Sie verleumderischer Mensch, Sie!

Und damit Sie's bloß wissen: Sie haben selber genügend Dreck am Stecken, jawoll! Erwische ich doch vor drei Tagen Ihre Frau, wie sie beim Herrn Sprenkelmeier die Brombeeren vom Strauch stiehlt! Ich habe dem Herrn Sprenkelmeier nichts davon gesagt, aber dieses As habe ich noch in der Hinterhand, damit Sie das bloß wissen! Ihnen zeige ich schon, wo der Bartel den Most holt, da brauchen Sie aber keine Brille nicht, das kann ich Ihnen singen!

Immer suchen Sie einen Grund, nur um mich anzugreifen, und Ihnen ist jedes Mittel recht. Ich bin gespannt, was Ihnen noch alles einfällt, da könnte man ja schön langsam ein Buch drüber schreiben!

Hochverächtlich

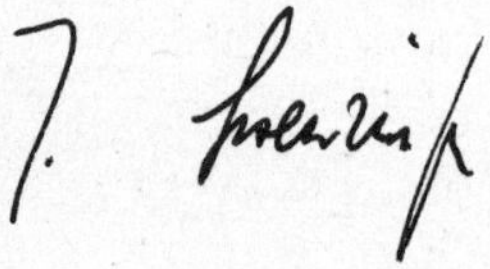

Wolfgang Schlingen
Friedenstraße 9
86179 Augsburg

Jürgen Sprenzinger
Friedenstraße 7a

86179 Augsburg

28.8.99

Ihre beleidigenden Verunglimpfungen meiner Person, meiner Frau und auch meiner Kinder weise ich schärfstens zurück. Ich habe Ihr Schreiben vom 23.8. meinem Anwalt zur rechtlichen Prüfung und zu den Akten übergeben, weil wir uns das bestimmt nicht gefallen lassen müssen. Sie schrecken ja nicht einmal davor zurück, unschuldige Gartenzwerge mit Schimpfwörtern zu bedenken, obwohl sich diese liebenswerten Kreaturen überhaupt nicht wehren können.

Von wegen doofe Plastikfiguren! Sie wissen seit unserer ersten Auseinandersetzung um unsere Freunde im Vorgarten, daß es sich nicht um billige Plastikimitate von Zwergen handelt, sondern um die anspruchsvollere Ausführung in Keramik. Die farbige Fassung bei diesen Figuren ist im Brennofen mit Lack eingebrannt und deshalb gegen normale Witterungseinflüsse unempfindlich. Aber Urin von erwachsenen Menschen, noch dazu nach starkem Alkoholgenuß, ist bekanntlich an Schärfe nur von Salzsäure o.ä. zu überbieten. In diesem Zusammenhang unseren Bene ins Spiel zu bringen, ist ungezogen, Herr Sprenzinger! Wir haben Zeugen, die bestätigen könnnen, daß sich einige Ihrer Gäste beim Verlassen des Hauses in unserem und angrenzenden Vorgärten „erleichtert" haben, wie man beschönigend sagen kann. Der Gestank einer öffentlichen Toilette schwebt noch heute über unserem Zwergenland.

Wenn ich ein Streithansel bin, dann sind Sie, mein lieber Herr, ein Schwertkämpfer. Und zwar von der brutalsten Sorte. Lassen Sie bitte meine Frau und meine Kinder aus dem Spiel. Wenn Sie sich mit mir anlegen wollen – bitte.

Sprenkelmeiers Brombeeren, das wissen Sie so gut wie ich, hängen immer um diese Jahreszeit weit über den Zaun in den Gehweg herein. Wer nicht aufpaßt und zu nah an den Früchten vorbeistreicht, macht sich schier nicht zu entfernende Flecken in die Kleidung. Darum und aus keinem anderen Grund hat meine Frau kürzlich die reifen Früchte, die besonders viel Saftspuren auf Kleidungsstücken hinterlassen, abgepflückt.

Sie wollen daraus einen Diebstahl konstruieren. Machen Sie sich doch nicht lächerlich. Ich bitte Sie inständigst und in vollem Ernst, geben Sie endlich Ruhe und machen Sie uns nicht das Leben schwer. Wenn ich erst einmal meine Beherrschung verliere, kann ich für nichts mehr garantieren, wenn Sie wissen, was ich meine.

Jürgen Sprenzinger
Friedenstraße 7a
86179 Augsburg

Wolfgang Schlingen
Friedenstraße 9

86179 Augsburg

30. August 99

Ich bestätige Ihnen hiermit noch einmal schriftlich, daß meine Gäste Ihre Gartenzwerge nicht bepinkelt haben, egal, ob selbige nun aus Plastik sind oder aus Keramik. Das waren Ihr Bene und seine sauberen Freunde. Und wenn Ihre Gartenzwerge so eine Pinkelei nicht aushalten, dann ist das doch nicht mein Problem, sondern das Ihrer Gartenzwerge – oder Ihres persönlich, da Sie ja der Zwergenvater sind.

Die Leute, die ich kenne, würden nie einen Gartenzwerg anpinkeln. Meine Gäste sind nette, anständige Menschen, die grundsätzlich nicht im Freien pinkeln. Und wenn, dann nur im äußersten Notfall. Um einen solchen kann es sich aber nicht gehandelt haben, denn ich besitze in meinem Haus zwei Toiletten, die selbstverständlich funktionieren und jederzeit in Anspruch genommen werden können.

Das Abpflücken von fremden Brombeeren ist Diebstahl und strafbar. Die Einwendung, diese Brombeeren würden Flecken auf der Kleidung machen, spielt dabei überhaupt keine Rolle. Korrekterweise hätten

Sie nämlich Herrn Sprenkelmeier bitten müssen, die Brombeeren auf Ihrer Seite zu entfernen. Das haben Sie meines Wissens nach nicht gemacht, sondern Ihre Frau hat selbige Brombeeren in einer Nacht-und-Nebel-Aktion blindlings vom Strauch gerissen. Dies ist eindeutig ein Gesetzesbruch, der normalerweise mit Gefängnis bestraft werden kann. Ich werde Herrn Sprenkelmeier bitten, mit aller zur Verfügung stehenden Härte gegen Sie vorzugehen – ja, um nicht zu sagen, ein Exempel zu statuieren.

Zudem habe ich, seit Sie dieses Unkrautvertilgungsmittel „Tilgi“ auf meinen Löwenzahn gestäubt haben, keine Regenwürmer mehr in meinem Gartenboden. Wie Sie selbst wissen, braucht ein gesunder Gartenboden ein gewisses Quantum an Regenwürmern. Seit Anwendung bzw. Herüberstäubens Ihres Mittels, was ebenfalls illegal ist, befindet sich auf einem Quadratmeter meines Gartenbodens nur noch ein Regenwurm. Vorher waren es mindestens drei oder vier, wenn nicht sogar fünf oder sechs. Ich mache Sie dafür haftbar, denn ganz eindeutig sind Sie der Urheber dieser Regenwurmfluktuation.

Und passen Sie bloß auf, daß ich nicht die Beherrschung verliere, weil ich nämlich dann auch für nichts garantieren kann!

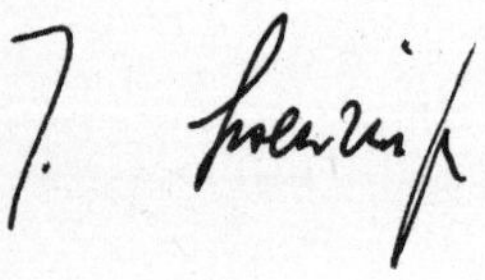

Wolfgang Schlingen
Friedenstraße 9
86179 Augsburg

Jürgen Sprenzinger
Friedenstraße 7a

86179 Augsburg

5. September 99

Daß sich auf Ihrem ungepflegten Gartengrundstück weder Regenwürmer, Käfer und sonstiges für die Bodenqualität nützliches Kleingetier aufhält, braucht Sie nicht zu wundern. Dafür ist nicht die Minimalspritzung gegen Unkraut meinerseits verantwortlich, sondern Sie alleine. Ich beobachte doch seit geraumer Zeit, wie Sie Gartenarbeit betreiben. Auf den Knien habe ich Sie noch nie gesehen – nur immer mit der Giftspritze umherziehen. Man braucht sich Ihr sogenanntes „Paradies" ja nur anzuschauen. Schieben Sie also bitte die Schuld nicht immer auf Ihre Nachbarn. Sie machen sich doch allmählich lächerlich!

Das Neueste, was Sie sich haben einfallen lassen, soll wohl dieses selbstgeschriebene Schild auf der Zufahrt zu Ihrem Haus sein. „Betreten und Bevahren des Grundstückes ist strengstens untersagt!" Zunächst wollte ich Sie darauf aufmerksam machen, daß man das Wort Befahren nicht wie bei Ihnen mit dem sogenannten Vogel-V schreibt, sondern mit einem F wie Fahne. Aber bei Ihrer Schulbildung kann man über so etwas wegsehen.

Bedenklicher ist es aber schon, daß Sie entgegen dem Eintrag im Grundbuchamt, wo ausdrücklich das Wegerecht für die Anlieger auf Lebenszeit eingetragen und garantiert ist, uns nun ein solches streitig machen wollen. Herr Sprenzinger, dieses Schild haben Sie widerrechtlich und entgegen der geltenden Praxis angebracht, was Folgen haben wird.

Ich darf in diesem Zusammenhang nur an die Vernachlässigung der Streu- und Räumpflicht zur Winterszeit durch Sie erinnern. Damals haben Sie noch eine gute Nachbarschaft geheuchelt und haben unserem Bene für das Schneeräumen ein Taschengeld versprochen. Sie erinnern sich doch, was Sie ihm gegeben haben? Fünfzig Pfennige, Herr Sprenzinger! Und das war schwerer, nasser Schnee, den der Bub weggeräumt hat. Nein, Herr Nachbar, das war schofel. Glauben Sie ja nicht, daß ich Ihnen noch einmal den Zeugen dafür mache, daß vor Ihrem Haus gestreut war, wenn wieder ein Passant ausrutscht und sich die Knochen bricht. Sie wissen wohl gar nicht, daß Frau Glatzbacher noch immer an den Folgen dieses Sturzes leidet und humpelt. Und ich gebe mich dazu her, Ihnen zu helfen, den Haftpflichtschaden abzuwälzen, ich Trottel.

Wegen des Durchfahrtsverbotes werden Sie demnächst von meinem und dem Anwalt der Familien Hösl, Sprenkelmeier und Sägebrecht hören.

Jürgen Sprenzinger
Friedenstraße 7a
86179 Augsburg

Wolfgang Schlingen
Friedenstraße 9

86179 Augsburg

6. September 1999

Ihre Aussage, ich täte immer nur mit der Giftspritze in meinem Garten herumziehen, ist eine Unverschämtheit! Sie für Ihren Teil brauchen natürlich keine Giftspritze, das ist mir schon klar. Sie haben es da wesentlich einfacher: Sie brauchen nur in Ihren Garten zu gehen und eine Weile auf einer Stelle stehenbleiben, dann ist diese Stelle automatisch vergiftet.

Für den Verbleib meiner Regenwürmer mache ich Sie verantwortlich! Ich bin zwar noch nicht dahintergekommen, wie Sie das machen, aber für mich ist es vollkommen klar: Sie haben meine Regenwürmer hinterhältig zu sich in den Garten gelockt, nur um mir zu schaden! Ich werde Ihnen aber schon noch auf die Schliche kommen, das können Sie mir glauben! Vermutlich benutzen Sie irgendein elektrisches Gerät dafür. Aber seien Sie gewarnt: Ich bin auf der Hut!

Was mein Schild betrifft, so teile ich Ihnen folgendes mit: Das Wort „Bevahren" ist vollkommen richtig geschrieben. Sie haben wohl die Rechtschreibreform verschlaven, oder was? Sonst wüßten Sie nämlich, daß man heutzutage schreiben darf, wie man will. Und wenn ich „Bevahren“ mit Vogel-V schreib, dann ist das einzig und allein meine Angelegenheit. Sie können es ja mit einem „F“ schreiben, wenn Sie meinen. Ich als moderner, aufgeschlossener Mensch habe mich eben rechtzeitig an die moderne Gesellschaft angepaßt, was man von Ihnen ja überhaupts nicht behaupten kann. Sie sind alt und verknöchert und geistig eben nicht flexibel. Deswegen können Sie anderen Leuten keine Vorwürfe machen. Außerdem betrifft Sie das Schild gar nicht, weil es für die anderen gedacht ist und nicht für Sie als Anwohner. Ich bin schließlich kein Unmensch. Sonst hätte ich nämlich auf das Schild geschrieben: „Betreten und Bevahren des Grundstücks ist Herrn Schlingen strengstens untersagt!“ Also, warum regen Sie sich so künstlich auf, lieber Herr?

Daß Sie den Schnee von gestern nochmal aufwärmen, sieht Ihnen ähnlich. Das paßt zu Ihnen! Ihr stinkfauler Bene hat damals lediglich zwei Schneeschaufeln voll Schnee weggeschippt und dann gesagt, die Arbeit sei ihm zu schwer und außerdem sei er kein „Schneewegschaufler“. Die fünfzig Pfennig, die ich ihm anschließend dann gegeben hab, stellen sogar eine Überbezahlung dar. Sie sollten Ihren Kindern vielleicht besser beibringen, daß es ohne Fleiß keinen Preis gibt. Das einzige, was nämlich heutzutage zählt, ist Leistung, werter Herr! Und sogar bei den Griechen war es schon bekannt: „Vor den Preis haben die Götter den Schweiß gesetzt!“ haben die bereits gesagt. Und das sollten Sie Ihrem stinkfaulen Sprößling einmal eintrichtern, sonst wird aus dem nämlich nie was! Es gibt zu diesem Thema auch viele deutsche Volksweisheiten, die Ihr verzogener Abkömmling vermutlich auch nicht kennt, wie: „Sich regen bringt Segen“, „Morgenstund hat Gold im Mund“, „Arbeit schändet nicht“, „Arbeitsschweiß an den Händen hat mehr Ehre als ein goldener Ring am Finger“, „Arbeit macht das Leben süß“, „Müßiggang ist aller

Laster Anfang“ oder „Nach getaner Arbeit ist gut ruhen“. Doch Ihr Bene hat ein Problem: Er ruht schon vor getaner Arbeit und das ist halt leider zu früh. Und fürs Ausruhen ist halt noch keiner nicht bezahlt worden, es sei denn, er ist Probeschläfer bei der Firma Schlaraffia, die diese Matratzen herstellt. Das wäre für den Bub der beste Beruf, glaub ich.

Was diese Frau Glatzbacher betrifft, so möchte ich eines richtig stellen: Frau Glatzbacher ist selber schuld, wenn sie mit dem Vorbeilaufen nicht warten kann, bis ich gestreut habe. Ich habe nämlich gestreut! Und zwar zehn Minuten, nachdem es die Frau Glatzbacher hingehauen hat. Sie hätte also nur zehn Minuten warten brauchen, dann wär sie auch nicht hingefallen. Und Sie haben mir nur deswegen den Zeugen gemacht, weil Sie selber auch nicht gestreut haben. Somit haben Sie genauso Schuld wie ich und und haben an der Humplerei der Frau Glatzbacher den gleichen Anteil. Mitgehangen, mitgefangen, Herr Schlingen!

Und überhaupts können Sie mir den Buckel hinunterrutschen!

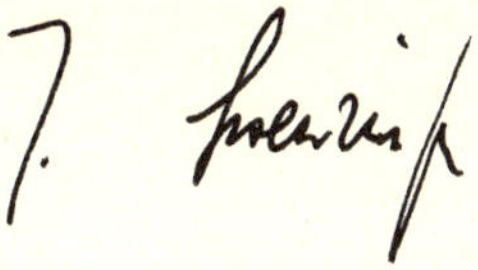

Wolfgang Schlingen
Friedenstraße 9
86179 Augsburg

Herrn Heiko Lothar
Buschpfanne 347e

42281 Wuppertal

24. September 99

Lieber Heiko,

vor ein paar Monaten hab ich Dir schon geschrieben, daß wir mit dem Sprenzinger solche Schwierigkeiten haben, Du weißt schon, der von nebenan, mit dem wir ja lange eine Art Freundschaft gehabt haben.

Inzwischen haben sich die Feindseligkeiten noch gesteigert, so daß unser Wunsch, dieses Haus hier aufzugeben und wegzuziehen, noch stärker geworden ist. Ja, wir haben uns entschlossen, möglichst schnell von diesem unangenehmen Nachbarn wegzukommen. Ich kann Dir im Vertrauen verraten, daß wir vermutlich noch vor Weihnachten umziehen. Und zwar in eine Erdgeschoßwohnung in einer schön gelegenen Wohnanlage. Dort haben wir einen kleinen Gartenanteil, wo wir vermutlich unbehelligt auch unsere Zwergenkolonie wieder aufbauen können und ein bißchen Rasen und kleine Blumenbeete haben werden.

Du glaubst nicht, wie erleichtert wir sind, seit wir wissen, daß diese Streitigkeiten nun ein Ende haben werden. In einer Wohnanlage, das hast Du selber schon mal gesagt, kommen solche Dinge kaum vor, weil man ja viel anonymer lebt und seine Nachbarn oft gar nicht zu Gesicht bekommt. Außerdem wohnen wir dort eben und haben keinen unter uns. Und mit den Herrschaften über uns werden wir uns bestimmt vertragen. Die Baugesellschaft hat uns versprochen, darauf zu achten, daß nur ordentliche Leute ins Haus kommen.

Niemand hier weiß von unseren Plänen und wie weit sie schon gediehen sind. Und es soll auch kein Mensch erfahren, bis die Möbelpacker kommen und ausräumen. Ich kann Dir sagen, da wird es lange Gesichter geben. Der Sprenzinger muß sich dann ein neues Opfer in der Nachbarschaft suchen. Mögen tut den sowieso keiner. In unser Haus zieht wahrscheinlich ein pensionierter Polizeibeamter, der wird ihm schon zeigen, wo der Bartel den Most holt. Das kann ich Dir sagen. Ich hab dem Käufer natürlich nichts von den Schwierigkeiten mit dem Nachbarn gesagt, sonst wird der am Ende noch stutzig und zieht den Vertrag zurück.

Aber was ich von dem gehört habe, wo der bisher gewohnt hat, kriegt der Sprenzinger da keinen leichten Brocken vorgesetzt. Der Ex-Polizist kennt sich aus im Gesetz. In dem Stadtteil, wo der bis jetzt war, haben sie ihn gefürchtet, weil er den Leuten schon von Berufs wegen auf die Finger schaut und darauf achtet, daß alles korrekt abläuft. Einen Nachbarn, der sich einen kleinen Hasenstall gebaut hat und Brieftauben züchtet, hat er wegen Geruchsbelästigung verklagt und Recht gekriegt.

Lieber Heiko, Du wirst verstehen, daß wir unter diesen Umständen im nächsten Fasching nicht zum Hüttentreffen nach Tirol kommen können. Der Umzug und die damit verbundenen Mehrausgaben beanspruchen unseren Etat so, daß wir vorerst auf jeden Urlaub verzichten müssen.

Vielleicht könnt Ihr auf dem Rückweg von Tirol bei uns vorbeischauen und eine Nacht bleiben. Vergiß aber nicht, eine oder auch zwei Flaschen von dem Roten mitzubringen.

Für heute sei herzlich gegrüßt von Deinen Freunden mit Kindern

Dein Wolfgang

Wolfgang Schlingen
Friedenstraße 9
86179 Augsburg

Jürgen Sprenzinger
Friedenstraße 7a

86179 Augsburg

26. September 99

Wie immer, so beschäftigen Sie sich auch in Ihrem Schreiben vom 6. ds. mit Nebensächlichkeiten bzw. ergehen sich in Beleidigungen und Verleumdungen. Ja, Sie scheuen nicht einmal davor zurück, unseren Sohn, den Bene, zu beschimpfen. Unterlassen Sie das bitte künftig. Ich muß Ihnen eines sagen: Sie sind durch die Kinderstube nicht nur mit dem ICE gefahren worden, ich stelle fest, Sie haben niemals eine gesehen. Nicht einmal aus dem fahrenden Schnellzug!

Doch nun zu den Tatsachen: Sie haben sich erneut eine Bösartigkeit einfallen lassen, mein Herr! Seit es regnet und sich vor unseren Häusern Pfützen bilden, bevorzugen Sie es, mit erhöhter Geschwindigkeit in die Zufahrt einzubiegen. Dabei schlagen Sie den Lenker exakt so ein, daß sich eine dreckige Wasserfontäne direkt über unseren Eingangsbereich ergießt. Was das heißt, können Sie sich anschauen. Haustüre, frisch gestrichene Fassade und Mülltonnenhäuschen sehen genau so aus, wie Sie es offensichtlich gewünscht haben und wollen: dreckig, versaut und total verspritzt. Vielen Dank, Herr Nachbar, für Ihre Unverschämtheit!

Aber im Vertrauen gesagt, Sie werden uns nicht mehr lange belästigen und schikanieren, das dürfen Sie mir glauben. Wir werden ein Gegenmittel gegen Feindseligkeiten Ihrerseits und schmutzige Machenschaften finden. Ihnen werden noch die Augen aufgehen!

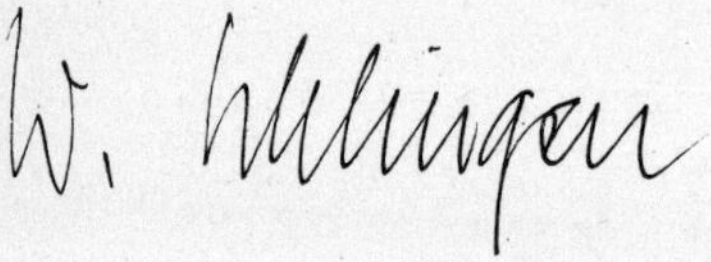

Jürgen Sprenzinger
Friedenstraße 7 a
86179 Augsburg

Wolfgang Schlingen
Friedenstraße 9

86179 Augsburg

4. Oktober 1999

Lang hab ich mir überlegt, ob ich Ihr bösartiges, unterstellerisches Schreiben vom 26. September überhaupts beantworten soll, da Sie in selbigem wiederum Dinge behaupten, die hinten und vorne gar nicht wahr sind.

Ich bin sehr streng erzogen worden und weiß somit auch, wie man sich anständig benimmt. Und ausgerechnet Sie werfen mir eine schlechte Kinderstube vor. Ausgerechnet Sie!!!

Was Ihre Pfützen vor dem Haus betrifft, so kann ich da nichts dafür. Ich bin nicht verantwortlich für die Tatsache, daß sich bei Ihnen vor der Haustüre Pfützen bilden und Ihr Asfalt vor der Haustüre bucklig ist, so daß sich überhaupt Pfützen bilden können. Ich habe vor der Haustüre ja auch keine Pfütze! Eigenartig, nicht wahr? Eine Pfützenbildung vor der Haustüre sagt alles über den aus, der hinter dieser Haustüre, wo eine Pfütze vorne dran ist, haust.

Ich habe Ihre Haustüre noch nie in böser Absicht beschmutzt. Daß ich mit meinem Wagen an Ihrer Haustüre vorbeifahren muß, um an meine Garage zu kommen – diese Tatsache allein ist schon eine Beleidigung für mich.

Wenn Ihre Haustüre dreckig ist, dann ist das nicht meine Schuld, sondern die Ihrige, denn Sie hätten den Asfalt vor Ihrer Haustüre schon lange reparieren lassen können, damit es erst gar nicht zur Pfützenbildung kommen kann.

Ihre dreckige Haustüre und das versaute Mülltonnenhäuschen entspricht genau Ihrem Charakter. Wie außen, so innen, sagt ein Sprichwort!

Auf Ihr Gegenmittel bin ich mal gespannt. Sie sollten ausziehen, Herr Schlingen! Damit die Luft in dieser Gegend wieder besser wird und die Menschen hier wieder frei atmen können.

Das ist nur ein gutgemeinter Vorschlag.

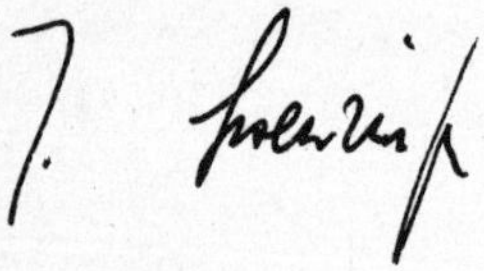

Jürgen Sprenzinger
Friedenstraße 7a
86179 Augsburg

Wolfgang Schlingen
Friedenstraße 9

86179 Augsburg

29. Oktober 1999

Hiermit teile ich Ihnen mit, daß Ihr Sohn Bene vorgestern meiner Hündin Ira ganz hinterhältig eine Konservendose an den Schwanz gebunden hat. Mein Hund hat selbige dann scheppernd und total verschreckt hinter sich hergeschleppt. Das Tier war total verängstigt, weil es angenommen hat, es wird von einer Konservendose gejagt.

Noch heute leidet mein Hund unter einem Konservendosen-Trauma. Für den seelischen Schaden meines Hundes und die nun notwendig gewordene psychoterapeutische Behandlung mache ich Sie voll haftbar.

Sollte ich Ihren Sohn erwischen, dann sehen Sie ihn nicht mehr lebend!

Es wäre besser für die Gesundheit Ihrer Familie, wenn Sie endlich wegziehen täten. Ansonsten werd ich zum Mörder.

Jürgen Sprenzinger
Friedenstraße 7a
86179 Augsburg

Wolfgang Schlingen
Friedenstraße 9

86179 Augsburg

14. November 1999

Wie ich von Frau Hösl erfahren habe, sind Sie nicht gewillt, die Gegend zu verlassen. Da mir Ihr sauberer Sohn eine Stinkbombe durchs Küchenfenster geworfen hat, haben wir uns entschlossen, wegzuziehen, damit wir Ihre (stinkende) Gegenwart nicht mehr ertragen müssen.

Sie und Ihre Familie haben uns lange genug geärgert und schikaniert, Herr Schlingen!

Das wollt ich Ihnen nur noch sagen. Jetzt können Sie sich ein anderes Opfer suchen.

Wolfgang Schlingen
Friedenstraße 9
86179 Augsburg

Herrn
Heiko Lothar
Buschpfanne 347e

42281 Wuppertal

23. November 99

Lieber Heiko, liebe Erika,

nun ist es soweit: Wir ziehen hier aus, was ich Euch ja schon im September angedeutet habe. Ab 3. Dezember lautet unsere neue Anschrift: Wittelsbacher-Schloß-Weg 7 in 86391 Stadtbergen, das ist ein ganz attraktiver Vorort ganz nahe bei Augsburg mit Bus- und Straßenbahnanschluß. Da wohnen meistens sehr wohlhabende und entsprechend angenehme Leute, mit denen man bestimmt gut auskommen kann. Meine alte kann ich im übrigen mitnehmen, was mir viele Kosten spart. Ich meine selbstverständlich meine alte Telefonnummer.

Die Wohnanlage hier hat sechs Eigentumswohnungen, wir sind gleich unten links, haben 120 qm, eine schöne Terrasse und einen kleinen Garten (macht nicht so viel Arbeit!), nur mit Blumenrabatte und Goldfischteich, kein Rasen und so Schnickschnack. Über uns ziehen nette Leute aus dem Raum München ein. Er ist Informatiker, selbständig und sagt, die Grundstückspreise in der Landeshauptstadt sind ihm zu hoch. Deshalb ist er hierher gezogen. Seine Frau ist grad keine Schönheit, aber sehr sympathisch und so wie's aussieht, auch ganz tüchtig. Sie macht Patchwork-Arbeiten, töpfert ein bißchen (allerdings ohne eigenen Brennofen, sie sagt, wegen dem Umzug hat es dazu nicht gereicht) und malt mit dem Pinsel so ähnlich wie Öl oder was. Ich habe den Namen noch nie gehört von dieser Technik.

Wie gesagt, wir haben uns schon öfter bei der Rohbaubesichtigung getroffen und länger unterhalten. Renate versteht sich gut mit ihr, und ich habe das Gefühl, daß ich mit ihm ganz gut kann. Kinder haben die beiden noch keine, wollen damit warten, bis der größte Brocken für die Wohnung abgestottert ist.

Bis auf zwei Wohnungen ist das ganze Haus verkauft. Die anderen Mitbewohner haben wir erst zweimal bei einer Eigentümerversammlung kurz gesehen, aber wir haben nur gute Eindrücke. Im zweiten Stock auf der rechten Seite ist noch frei und unten neben uns. Interessenten sind angeblich genug da, aber die Hausverwaltung möchte gern, daß alle Eigentümer einigermaßen zusammenpassen. Der Bürochef hat uns gesagt, daß darauf sehr geachtet wird und nicht der nächstbeste genommen wird. Das kann uns nach den schlimmen Erfahrungen des letzten Jahres ja nur recht sein.

Übrigens: Bis jetzt ist es uns gelungen, den Umzug in unserer Nachbarschaft geheimzuhalten. Der Sprenzinger (der Blödmann von nebenan) hat uns vor ein paar Tagen geschrieben, daß sie ausziehen werden wegen uns. Die werden sich wundern, daß wir schneller weg sind als sie. Die kriegen meinen letzten Brief erst an dem Tag, an dem wir ausziehen. Sie werden natürlich auch nicht mitbekommen, daß wir uns in eine vornehmere Umgebung abgesetzt haben. Das geht die zumindest vorerst nichts an. Später kann es schon sein, daß ich es ihnen noch einmal unter die Nase reiben werde, was das für Proleten sind.

Lieber Heiko, die schon früher ausgesprochene Einladung, daß Du und Erika uns auf dem Rückweg von Tirol besuchen, steht! Wir erwarten Euch so um das Faschingsende herum und freuen uns schon, Euch unser neues Heim zeigen zu können. Ein paar alte Möbel werdet Ihr schon noch erkennen, aber einiges neue leisten wir uns schon. Unser Schlafzimmer in Birke seidenglanz zum Beispiel. Und nicht von Ikea! Von denen haben wir nur die Kinderzimmer neu eingerichtet. Ihr werdet ja sehen!

Bleibt gut drauf und auf baldiges Wiedersehen!

Dein Wolfgang

Wolfgang Schlingen
bisher Friedenstraße 9
86179 Augsburg
unbekannt verzogen!!!!

Jürgen Sprenzinger
Friedenstraße 7a

86179 Augsburg

3. Dezember 99

Mein lieber (gewesener) Herr Nachbar,

jawohl, Sie haben richtig gelesen! Wenn Sie diese Zeilen in Händen haben, sind Sie uns bzw. wir Sie endgültig los! Es ist Ihnen sicher nicht entgangen, daß gestern die Möbelpacker zugange waren, weil wir die Schnauze voll haben von Ihnen und deshalb noch vor Ihnen ausgezogen sind. Sie müssen sich jetzt ein anderes Objekt für Ihre Bösartigkeiten, Hinterhältigkeiten und Intrigen suchen, lieber Herr Nachbar! Die Familie Schlingen steht Ihnen nicht mehr zur Verfügung.

Vielleicht stürzen Sie sich auf unseren Nachmieter? Ein interessanter Mensch, absolut paragraphensicher und gesetzestreu. Bestimmt wird er sich – wie wir es damals getan haben – auf Ihre Nachbarschaft freuen, um Sie ganz schnell kennenzulernen. Nein, wir haben ihm nicht erzählt von unseren Erfahrungen mit Ihnen. Das werden die Nachbarn schon tun. Und den Rest besorgen Sie, wie wir Sie kennengelernt haben, ganz alleine.

Wir haben gerne und glücklich in der Friedenstraße gewohnt, bis auf den Tag, an dem Sie auf die unglückselige Idee gekommen sind, hier Ihre Zelte aufzuschlagen. Nie in unserem Leben haben wir ein solches Ekel von Nachbarn gekannt. Bis zu diesem Zeitpunkt haben wir alle Streitigkeiten mit unserer Umgebung mit Hilfe von Rechtsanwälten, Sühneterminen und Gerichtsverfahren zu unseren Gunsten erledigen können. Sie sind der erste, vor dem wir kapituliert haben, weil uns jeder Pfennig zu schade gewesen ist, den wir in juristische Schritte und Anwaltskosten hineinstecken hätten müssen. Nur schade, daß wir Ihnen zunächst Vertrauen entgegengebracht haben, das Sie schändlich mißbraucht haben. Schade um jeden Tropfen, den wir Ihnen und Ihrer Frau aus Gastfreundschaft kredenzt, und schade um jeden Bissen, den wir Ihnen blöderweise angeboten haben. Nein, Herr Sprenzinger, ein Ehrenmann sind Sie nie gewesen, Sie Menschenverachter.

Was uns betrifft, so können wir aufatmen. Wir haben ein neues Zuhause mit sehr netten und angenehmen Mitmenschen gefunden und sind aus den Niederungen nachbarschaftlicher Bösartigkeiten in ein von gegenseitiger Hochachtung und Respekt geprägtes Lebensniveau aufgestiegen. Da, wo wir jetzt leben, ist kein Platz für Typen wie Sie!

Leider müssen wir liebe Nachbarn zurücklassen, die Sie vorerst noch ertragen müssen. Wir wünschen inständigst, daß es ihnen gelingen wird, Ihnen endlich Paroli zu bieten. Denn solchen, wie Sie einer sind, gehört das Handwerk gelegt. Mehr haben wir nicht zu sagen. Was wir Ihnen wünschen, können Sie sich denken!

W. [illegible]

Polizeibericht vom 17. Dezember 1999

Tragisches Ende eines Nachbarschaftsstreites

In einer Eigentumswohnanlage am Wittelsbacher-Schloß-Weg in Stadtbergen kam es am gestrigen Donnerstag zu einer folgenschweren Auseinandersetzung zwischen zwei Bewohnern. Der 57jährige Wolfgang S. schlug den um 18 Jahre jüngeren Jürgen S. mit einem ca. 45 Zentimeter großen Gartenzwerg aus Schwerkeramik auf den Kopf und verletzte ihn schwer. Wolfgang S. seinerseits wurde vom Hund seines Widersachers angegriffen und erlitt erhebliche Bißverletzungen an den Beinen, am Gesäß und im Gesicht. Mitbewohner, die schlichtend einzugreifen versuchten, wurden von den beiden Kontrahenten übel beschimpft.

Die beiden Streithähne mußten mit erheblichen Verletzungen ins Krankenhaus eingeliefert werden. Am Gartenzwerg entstand ein Sachschaden in Höhe von 24,70 DM.

Hintergrund der tragischen Auseinandersetzung ist ein seit Monaten schwelender Nachbarschaftsstreit. Beide Parteien hatten deswegen ihren bisherigen Wohnsitz in einem Augsburger Stadtteil verlassen und – ohne voneinander zu wissen – in der gleichen Anlage eine Eigentumswohnung erworben. Als Wolfgang S., der bereits seit zwei Wochen seine Wohnung bezogen hatte, gestern seinen ehemaligen Nachbarn in der gegenüberliegenden Wohnung einziehen sah, verlor er die Nerven und ging auf Jürgen S. los.

Die Staatsanwaltschaft hat Ermittlungen wegen Hausfriedensbruch, Beleidigung und vorsätzlicher Körperverletzung aufgenommen.

Renate Schlingen
Wittelsbacher-Schloß-Weg 7
86391 Stadtbergen

Familie
Heiko und Erika Lothar
Buschpfanne 347e

42281 Wuppertal

20. Dezember 99

Lieber Heiko, liebe Erika,

Ihr werdet Euch wundern, daß ich Euch heute schreibe. Es sind sehr traurige Weihnachtsgrüße, die ich Euch zu übermitteln habe. Wolfgang liegt mit schmerzlichen Verletzungen im Krankenhaus, und ich weiß nicht, ob er Weihnachten heimkommen kann.

Stellt Euch vor: Wolfgang hatte Euch doch geschrieben, daß wir umziehen und wir noch nicht wüßten, wer in die Wohnung neben uns im Parterre einziehen wird. Ihr werdet es nicht fassen. Es sind die Sprenzingers, von denen wir endlich wegkommen wollten nach all den Streitigkeiten in der Friedenstraße.

Beim Anblick des gehaßten Nachbarn hat Wolfgang jede Beherrschung verloren und ist mit einem unserer schönsten Gartenzwerge, dem Jager-Wiggerl, den er gerade in der Hand gehabt hat, auf Sprenzinger losgegangen. Ich sag Euch, es war ein furchtbarer Auftritt im Haus. Sprenzingers Hund hat Wolfgang arg zugerichtet. Er hat Verletzungen im Gesicht und an den Beinen. Außerdem ist seine Freizeithose kaputt und der neue Pulli voller Blut und Flecken. Daß wir seitdem im Haus unmöglich sind, könnt Ihr Euch ja denken.

Doch das ist noch nicht alles! Im Krankenhaus liegen die beiden zu allem Unglück noch im gleichen Zimmer. Als ich Wolfgang zum erstenmal besucht habe, habe ich ihn nicht erkannt, weil ja beide dicke Kopfverbände haben. Ich habe Wolfgangs Hand gestreichelt und ihm gut zusprechen wollen, da hab ich erst gemerkt, daß es der Sprenzinger war. Peinlich, peinlich!

Wolfgang hat jetzt endgültig die Schnauze voll. Er will unbedingt auswandern, weit weg von hier und allem. Er denkt an eine einsame Insel im Indischen Ozean, irgendwo im Bereich des Königs von Tonga, sagt er. Ich hab davon noch nie was gehört. Er sagt, man spreche dort von den Freundschaftsinseln. Seinen Beruf will er aufgeben und sich ganz der Zucht von Gartenzwergen widmen. Es ist allerdings enorm schwierig, ein geeignetes Zuchtpärchen zu bekommen, weil es kaum ZwergInnen gibt. Aber Ihr wißt ja, wenn sich Wolfgang was in den Kopf gesetzt hat, setzt er es durch.

Unser Weihnachtsfest ist restlos verdorben, ich hab' noch nicht mal Geschenke für die Kinder besorgen können.

Ich wünsche Euch auch im Namen von Wolfgang und den Kindern ein friedvolles Fest und verbleibe bis zum Wiedersehen

Eure

Renate

Ein Nachwort

Dieser Briefwechsel zweier Nachbarn, so absurd er dem Leser erscheinen mag, ist keine Horrorvision. Er ist der gesamtdeutschen Wirklichkeit nachempfunden. Mit erbittertem Haß und verbissener Energie kämpfen Jahr für Jahr zerstrittene Nachbarn vor Gericht um ihre vermeintlichen Rechte.

Kein Anlaß ist ihnen zu banal, den ungeliebten Nachbarn vor den Kadi zu zerren. Schon überhängende Äste, der eingedrückte Maschendrahtzaun, ein geplatzter Gartenschlauch, die Blätter der Birke im Herbst, das Grillfest auf dem Balkon, das als Katzenklo mißbrauchte Gemüsebeet und tausend andere kleine Dinge des Nebeneinander-Alltags können zum Konflikt und im Fortgang des Streites zur ernsten Krise, ja zum Kriegszustand zwischen ansonsten friedliebenden Bürgern führen.

Rund eine Million Bundesbürger, Kläger und Beklagte, machen jährlich nicht nur sich selbst das Leben schwer, sondern vor allem der Justiz zu schaffen. Die lachenden Dritten sind allenfalls die Anwälte. Doch auch sie sind nicht immer glücklich über die für alle Beteiligten zeitaufwendigen und nervenaufreibenden Auseinandersetzungen.

Die Justizminister einiger Bundesländer sind angesichts zunehmender Nachbarschaftsstreitigkeiten längst aktiv geworden. Die Behörden versuchen, Nachbarschaftstreitigkeiten durch Aufklärung schon im Vorfeld zu verhindern. In einer handlichen Broschüre aus dem Bayerischen Justizministerium bringen die Verfasser die Hoffnung zum Ausdruck, daß die Informationen über die gesetzlichen Grundlagen des Nachbarrechts zum »guten nachbarlichen Einvernehmen beitragen und damit die Freude am eigenen Grundstück mehren« können.

Ein frommer Wunsch, solange die Einsicht fehlt, daß ein erträgliches Miteinander nur möglich ist, wenn beide Seiten ihre Rechte und Pflichten nicht nur kennen, sondern auch anerkennen.
Bayern und andere Bundesländer haben inzwischen sogar schwerpunktmäßig sogenannte Schlichtungsstellen eingerichtet, die verfeindeten Parteien helfen sollen, ohne Gerichtsverfahren zu einer für beide Teile annehmbaren Einigung zu kommen.
Doch nach wie vor gilt: »Es kann der Frömmste nicht in Frieden bleiben, wenn es dem bösen Nachbarn nicht gefällt!«
Vor diesem ernsten Hintergrund könnte dieses Buch nicht nur als heiter-vergnügliche Lektüre verstanden werden, sondern auch als bescheidener Beitrag für den versöhnungsbereiten Leser, die eigene Bereitschaft zu einem gut-nachbarlichen Verhältnis zu überprüfen.

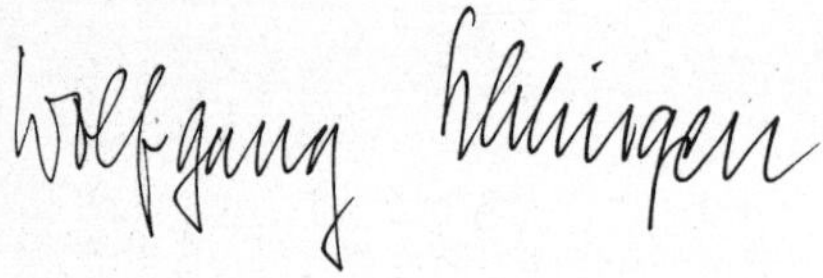

Wird den Fröschen das Quaken verboten?

Ein Umweltfreund und sein lärmgeplagter Nachbar treffen sich vor Gericht

Von unserem Redaktionsmitglied
Christa Stedele

Ingolstadt

Frosch gegen Mensch – wer wird sich durchsetzen? Das ist weniger eine Frage des Rechts des Stärkeren als eine, die demnächst das Oberlandesgericht in München beschäftigen wird. Denn noch ist nicht ausgemacht, ob die Quaker im Gartenteich schützenswerter sind als die Ohren lärmgeplagter Zeitgenossen.

Darum geht es in dem Streit zweier Nachbarn in Ingolstadt. Der eine, Anton Börner, hatte einen großen Teich in seinem Garten angelegt und freute sich des regen Zuspruchs, den dieser unter der Froschbevölkerung fand. Ihn störte ihr Quaken nicht. Wohl aber seinen Nachbarn Michael Limmer, der des nachts keine Ruhe mehr fand. Seine Frau gegenüber unserer Zeitung: „Das ist wirklich schlimm, das können Sie mir glauben.“ Der Streit entwickelte sich zu einer Zivilklage vor dem Landgericht München II, und die Richter entschieden, daß überm Teich Ruhe einkehren müsse. Wie, sei gleichgültig.

Nun hat Teichbesitzer Börner den Schwarzen Peter, muß seine Frösche still halten – und sitzt in der Zwickmühle. Denn er kann die Quaker nur zum Schweigen bringen, wenn er sie meuchelt oder den Teich zuschüttet. Mit seinem Urteil beschreitet das Landgericht München II neue Wege, denn die Rechtsprechung hat schon des öfteren für die Frösche entschieden. In einem Urteil des Landgerichts Hanau von 1984 beriefen sich die Richter darauf, daß die Froschquakerei ortsüblich sei, ein Argument auch Anton Börners. Außerdem verstoße es gegen das Bundesnaturschutzgesetz, wildlebende Tiere „mutwillig zu fangen, zu töten oder zu verletzen“. Das gelte auch für eine Umsiedlung. „Ich bin zu einer Straftat verurteilt worden“, sagte Börner. Laut Hanauer Urteil ist das unzulässig.

Börners Meinung nach ist der Streit keine Privatsache mehr, da die Bestätigung des Urteils weitreichende Folgen hätte. „Stellen Sie sich vor, da pfeift ab vier Uhr morgens eine Amsel auf dem Baum, der Nachbar fühlt sich gestört, und schon darf er den Baum umhaken.“ Er weiß eine starke Lobby hinter sich. Neben dem Bund Naturschutz Bayern (BN) ist auch der Gesetzgeber unter den Parteigängern für Frosch und Natur. Denn nach dem Bundesnaturschutzgesetz sollen neue Lebensräume für Pflanzen und Tiere geschaffen werden. Wenn Börner unterläge, hätte das weitreichende Folgen besonders für die Privatinitiative in Sachen Umweltschutz.

Wie ein Roulettespiel

Private Teiche anzulegen, würde zum Roulettespiel – es könnten sich ja Frösche ansiedeln, die, wie im Falle Börner, annähernd so viel Krach machen wie eine Straße, auf der stündlich 2000 Autos fahren – und die Nachbarn könnten verlangen, den Teich zuzuschütten. Drum geht Froschfreund Anton Börner in die nächste Instanz, und er will „alle Rechtsmittel ausschöpfen“.

Augsburger Allgemeine, 23.6.1990

Papageien müssen Schnabel halten

Nürnberg (dpa). Papageien in Deutschland müssen lernen, den Schnabel zu halten. Drei dieser Vögel dürfen in einem Nürnberger Garten nur noch vier Stunden am Tag lärmen. Die restliche Zeit muß die Vogelhalterin ihre Tiere im Haus lassen, ordnete das Landgericht Nürnberg-Fürth in einem Urteil an, das nun rechtskräftig wurde. Grund für den salomonischen Richterspruch war ein Nachbarschaftsstreit um die exotischen Töne der Papageien – zwei Pfirsich- und ein Rosenköpfchen – im angrenzenden Garten. Einer Nürnbergerin ging das „unerträgliche, oft stundenlange Geschrei" auf der angrenzenden Terrasse auf die Nerven. Sie bestand darauf, daß die Tiere nicht ständig im Freien sind.

Augsburger Allgemeine, 18.9.1997

Wurzeln im Nachbargarten

Wurzeln vom Nachbarbaum können dann auf Kosten des Baumbesitzers gekappt werden, wenn sie das Nachbargrundstück beeinträchtigen. Die Wurzeln einer gefällten Kastanie waren auf das Nachbargrundstück eingedrungen und hoben die Teerdecke der Grundstücksauffahrt an. Zwar stellt allein das Eindringen von Wurzeln auf das Nachbargrundstück noch keine Beeinträchtigung dar. Anderes gilt aber für solche Wurzeln, die wegen ihres Verlaufs an oder auf der Erdoberfläche oder wegen ihrer Größe den Boden anheben und aufbrechen.

Das Landgericht Itzehoe verurteilte deshalb den Eigentümer, auf dessen Grundstück der Baum gewachsen war, die störenden Wurzeln zu entfernen. Denn die Beeinträchtigung gehe auch zumindest mittelbar auf den Willen des Eigentümers zurück, der die Wurzeln nicht zurückgeschnitten oder durch andere Maßnahmen den Wuchs des Baumes begrenzt habe (Urteil vom 9. Februar 1995, 4 s 154/94). ANDREA NASEMANN

Süddeutsche Zeitung, 4.11.1997

Das Stichwort

Streit ums Grillen: In Erwartung lauer Sommernächte, räumt so mancher seinen Gartengrill wieder auf die Terrasse oder den Balkon. Nicht immer zur Freude seiner Wohnungsnachbarn, die sich durch Lärm und Qualm gestört fühlen. Nicht selten landen solche Streitigkeiten vor dem Kadi. Wie die Richter entscheiden, hängt dann – wie so oft – vom Einzelfall ab. So entschied das Oberlandesgericht Düsseldorf, daß das Grillen dann verboten sei, wenn die dadurch verursachten Geruchsemissionen konzentriert in die Wohn- oder Schlafräume von Nachbarn dringen (Beschluß vom 25. Mai 1995, 5 Ss (OWi) 149/95-(OWi). Anders dagegen urteilte das Landgericht Stuttgart: Eine Grilldauer von etwa sechs Stunden pro Jahr sei nur eine geringfügige Beeinträchtigung, die im Rahmen des Toleranzgebots von den Nachbarn hingenommen werden müsse. Grillen stelle in einer multikulturellen Freizeitgesellschaft, die von einer zunehmenden Rückbesinnung auf die Natur geprägt sei, eine übliche und im Sommer gebräuchliche Art der Zubereitung von Speisen jeglicher Art, die heute nicht mehr auf die bloße Zubereitung von Fleisch beschränkt sei, dar.

Da half es auch dem gestörten Nachbarn nichts, daß es sich beim Grillen seiner Meinung nach um ein Relikt aus der Steinzeit handelt. Das Gericht räumte zwar ein, daß möglicherweise beim Grillen eine ungewöhnlich starke Rauchentwicklung oder beißender Geruch – nicht jeder mag Hammel – entstehen kann. Bei entspechender Benutzung eines modernen Gartengrills mit offenem Holzkohlefeuer könnten die Belästigungen jedoch fast vollständig vermieden beziehungsweise auf ein Minimum reduziert werden, wenn beispielsweise Aluminiumfolien benutzt würden, die ein Abtropfen von Fett in das offene Feuer und damit eine Qualmentwicklung verhinderten. Desweiteren kann auch durch entsprechende Aufstellung des Grills verhindert werden, daß Rauchschwaden in die offenen Fenster der Wohnungen der Miteigentümer ziehen. Das Bedienen elektrischer Tischgrillgeräte sei insgesamt jedenfalls keine wesentliche Beeinträchtigung (Beschluß vom 14. August 1996, 10 T 359/96).

So hatte die sofortige weitere Beschwerde des unterlegenen Nachbarn beim zuständigen Oberlandesgericht Stuttgart (Beschluß vom 15. Oktober 1996, 8 W 544/96) keinen Erfolg. Den sommerlichen Grillaktivitäten steht nichts mehr im Wege. A. NASEMANN

Süddeutsche Zeitung, 26./27.4.1997